JN126823

学校心理学が提案！

石隈利紀
八並光俊／監修

山口豊一
家近早苗
田村節子
中井大介
水野治久／編著

これからの生徒指導

『生徒指導提要』を学校心理学の視点から読み解く

ほんの森出版

〈注記〉

・『生徒指導提要』について　本書で『生徒指導提要』と表記しているもの
は、令和4（2022）年12月に改訂になったものを指します（短縮表記は
『提要』）。また、引用・参考文献一覧からは省略してあります。

・「支援」と「援助」の用語について　本書では、サブタイトルのとおり
〈『生徒指導提要』を学校心理学の視点から読み解く〉ことが目的の1つ
ですので、「支援」と「援助」の用語については、『生徒指導提要』と同
様に「支援」の用語を使用しています。ただし、学校心理学に関連して
出てくる場合は「援助」を使用しています。

・「児童生徒理解」と「アセスメント」の用語について　本書では、「アセ
スメント」は学校心理学のチーム援助のプロセス・方法として使用し、
日常場面での子ども理解については「児童生徒理解」という用語を使用
しています。

はじめに
みんなが資源 みんなで支援

　現在、学校教育においては、子どもたちの課題や、教師・スクールカウンセラー・スクールソーシャルワーカーなどの援助者を取り巻く環境は、以前に比べて大きく変わっており、複雑化・多様化しています。

　文部科学省の調査（2023b）によると、小学校・中学校における長期欠席者数のうち不登校によるものは29万9048人、いじめの認知件数は小学校・中学校・高等学校および特別支援学校において68万1948件、小学校・中学校・高等学校から報告のあった自殺した児童生徒数は411人となっています。子ども家庭庁（2023a）によると、2022（令和４）年度の全国の児童相談所への児童虐待相談対応件数は21万9170件（速報値）となっていて、いずれも前年度よりも増加しています。

　近年では、新たにヤングケアラーや貧困などの課題も発生しています。厚生労働省は、ヤングケアラーは「本来大人が担うと想定されている家事や家族の世話などを日常的に行っている」子どもとしています。障害や病気のある家族の代わりに家事を担っている子どもや、家族の代わりに幼いきょうだいの世話をしている子どもなどのことです。そして厚生労働省が中学校２年生に対して行った調査

(2020) によると、家族の世話をしている中学生の割合は17人に 1 人になり、 1 学級につき 1 〜 2 人のヤングケアラーが存在している可能性があることになります。また、厚生労働省の「国民生活基礎調査」（2023a）によると、子どもの貧困率（17歳以下）は11.5％となっています。

＊

2023年 4 月には「こども基本法」が施行されました（こども家庭庁、2023b）。同法は、日本国憲法および児童の権利に関する条約の精神にのっとり、「全てのこどもが、将来にわたって幸福な生活を送ることができる社会の実現」を目指し、「こども政策を総合的に推進することを目的」としており、「こども施策の基本理念」のほか、「こども大綱の策定」や「こども等の意見の反映」などについて定めています。

また、いじめや不登校等の生徒指導上の課題や特別支援教育など、学校が抱える課題は複雑化・困難化し、教職員だけで対応するには量的にも質的にも困難な状況となっています。そのため、心理や福祉などの専門家や関係機関、地域との連携が重要視されてきています（文部科学省、2015）。

2015年 9 月には公認心理師法が成立し、2023年 3 月時点で 6 万9875人が資格登録されています（厚生労働省、2023b）。公認心理師法の第42条 1 項では「公認心理師は、その業務を行うに当たっては、その担当する者に対し、保健医療、福祉、教育等が密接な連携の下で総合的かつ適切に提供されるよう、これらを提供する者その他の関係者等との連携を保たなければならない」としており、法律において連携（＝チーム援助）が義務づけられました（日本臨床心理士会、2015）。そして2015年12月には文部科学省が「チームとしての学校の在り方と今後の改善方策について（答申）」を発表（文部科学省、2015）。

そこでも、より困難度を増している生徒指導上の課題に、学校が対応していくためには、教職員が心理や福祉等の専門家や関係機関、地域と連携し、チームとして課題解決に取り組むことが求められています。

＊

学校の教職員は苦戦しています。非社会的な行動や反社会的な行動をとる子どもを受け持つ担任の負担は、とても大きいものです。電話連絡、家庭訪問、保護者への対応、学年による話し合い等、さまざまな対応をしています。また小学校でも、授業が成り立たない状況が増えているといわれています。さらに、ＳＬＤ（限局性学習症）やＡＤＨＤ（注意欠如・多動症）、ＡＳＤ（自閉スペクトラム症）などの発達障害のある子どもが、普通学級に増えてきています（文部科学省、2022）。

このような状況の中、ある調査では、生徒指導上の対応で困難を感じていると答えた教師が特に中学校で多いという結果が明らかにされています（山口ら、2015）。文部科学省の調査（2023a）によると、教育職員の精神疾患による病気休職者数は5897人で、2020（令和２）年度（5203人）から694人増加し、過去最多となっており、勤務年数が３年以内の教育職員が多い傾向にあります。2020年の新型コロナウイルス感染症流行により、ＩＣＴ機器の急速な普及が進み、利便性が増した一方で、オンラインによる授業や、ＩＣＴを利用した授業準備などさまざまな手段が増えたことによる負担も大きいようです。

一方、保護者にとっても、子育てが困難な時代です。スマートフォン、パソコンなどの情報通信機器が急速に普及していることを背景に、今何が起こっていて、これから何が起こるのか予測しにくいという、大人たちは自分たちが経験してこなかった状況の中で、自分の子どもを育てなければなりません。このような社会環境の中、

子どもをどのように育てていったらよいか、特に思春期の子どもに
どのように向き合っていったらよいかわからないで悩んでいる保護
者も多いようです（諸富編、2011）。子どものことでスクールカウンセ
ラー、スクールソーシャルワーカーに相談したい保護者はたくさん
います。

＊

　このように、子どもも大人も苦戦している時代、みんなが協働
（コラボレーション）しながら、子どもをサポートすることが必要で
す。つまり、学校・家庭・地域・関係機関等が一体となって取り組
むことが求められています（文部科学省、2015）。その際、学校心理学
が提唱する（石隈ら、2016）、①子どもはトータルな存在である（学習
面、心理・社会面、進路・キャリア面、健康面の４つの側面をもっ
ている）、②チームで援助する、という考えが役に立ちます。教師、
スクールカウンセラー、スクールソーシャルワーカー、保護者など
によるチームで、総合的に子どもをサポートしていけたらと思いま
す。

　また、2022年12月に改訂された『生徒指導提要』では、新たな生
徒指導の定義や目的、「チーム学校」を基盤とした生徒指導・教育相
談・進路指導の構造化やそれに基づく対応の視点、学校心理学と通
ずる発達支持的、課題予防的（課題未然防止教育・課題早期発見対
応）、困難課題対応的な重層的支援の具体的・実践的な提案、そして
さまざまな背景をもつ子どもへの支援といった今日的な諸課題（不
登校、いじめ、自殺、虐待など）への対応が示され、充実した内容
としてまとめられました。

＊

　本書は、学校心理学の視点から、改訂された『生徒指導提要』を
読み解きながら、現代の子どもたちをサポートする（当然、子ども

をサポートする教師や保護者もサポートする）新しい生徒指導のパラダイムを提案していきます。「みんなが資源、みんなで支援」を合い言葉に、"これからの生徒指導"に取り組んでまいりましょう。

　本書が現場の担任の先生、生徒指導主事、教育相談担当の先生、スクールカウンセラー、スクールソーシャルワーカーなどの専門スタッフ、先生や援助職を目指している学生、対人援助の研究者の皆さまに参考になれば幸いに思います。そして、子ども一人一人に対するサポートが充実し、子どもの成長発達が促進され、学校生活の質が向上する一助になればと強く願っています。

　　令和6年3月　　　　　　　　　　　　　　　　　　山口　豊一

〈参考・引用文献〉

石隈利紀・大野精一・小野瀬雅人・東原文子・松本真理子・山谷敬三郎・福沢周亮責任編集／日本学校心理学会編（2016）『学校心理学ハンドブック　第2版』教育出版
厚生労働省（2020）「ヤングケアラーの実態に関する調査研究について」令和2年度　子ども・子育て支援推進調査研究事業三菱ＵＦＪリサーチ＆コンサルティング株式会社
厚生労働省（2023a）「2022（令和4）年　国民生活基礎調査の概況」
厚生労働省（2023b）「公認心理師法附則第5条に基づく対応状況について―ヒアリング結果に基づく中間整理」
こども家庭庁（2023a）「令和4年度の児童虐待相談対応件数（速報値）」
こども家庭庁（2023b）「こども基本法」https://www.cfa.go.jp/policies/kodomo-kihon（2024年3月2日閲覧）
文部科学省（2015）「チームとしての学校の在り方と今後の改善方策について（答申）」中央教育審議会
文部科学省（2022）「通常の学級に在籍する特別な教育的支援を必要とする児童生徒に関する調査結果」
文部科学省（2023a）「令和3年度公立学校教職員の人事行政状況調査について」
文部科学省（2023b）「令和4年度　児童生徒の問題行動・不登校等生徒指導上の諸課題に関する調査結果について」
諸富祥彦編集代表（2011）『チャートでわかる　カウンセリング・テクニックで高める「教師力」第4巻　保護者との信頼関係をつくるカウンセリング』ぎょうせい
日本臨床心理士会（2015）「資格問題の諸情報No.22」
山口豊一・水野治久・本田真大・石隈利紀（2015）「学校コミュニティにおける心理職活用システムの開発に関する研究―学校の管理職及びミドルリーダーに焦点を当てた尺度開発を通して」『コミュニティ心理学研究』19(1)、77-93頁

学校心理学が提案！
これからの生徒指導
もくじ

第5章　授業における生徒指導

山口豊一・小野瀬雅人・西山久子・小泉令三

第6章　チーム学校と生徒指導　中井大介・瀧野揚三

チーム学校による学校教育サービスを支える学校心理学

石隈利紀

2022年12月、文部科学省より新しい『生徒指導提要』が発表されました。"一人一人の児童生徒の発達の支援"がキーワードです。改訂に委員としてかかわった私にとっては、感慨深いものがあります。その7年前の2015年12月には「チームとしての学校の在り方と今後の改善方策について（答申）」（文部科学省、2015）が出され、1990年代から学校心理学の視点で「教師・スクールカウンセラー（ＳＣ）・保護者のチームによる心理教育的援助サービス」を提唱してきた1人として、私はこの答申には我が意を得た思いでした。今日、「チーム学校」は、文部科学省の施策の中心的な柱になっています。今回改訂された『生徒指導提要』で示されたこれからの生徒指導は、チーム学校を通して、すべての教育場面で、一人一人の児童生徒が主体的に発達するよう支援することを目指します。

　社会の変化や子どもの変化に応じて、学校教育は変わることができるか。この時代にふさわしい学校教育とはどのようなものか。ここで、皆さんと一緒に考えていきたいと思います。生徒の「指導」から「支援」に舵を切った『生徒指導提要』の指針は、その問いの回答にヒントを与えるものです。本稿では、社会の変化に応じる学校教育サービスとそれを支える学校心理学について、生徒指導のこれからに焦点を当てて、述べていきます。

1．社会が変わる、子どもが変わる、学校はどう変わるか

　公共政策と科学哲学を専門とする広井良典氏（2009）が示すコミュニティ論は、これからの学校教育を考える上で示唆に富むものです。広井氏は、コミュニティを「人間がそれに対して何らかの帰属意識をもちかつそのメンバーの間に一定の連帯ないし相互扶助（助け合い）の意識が働いているような集団」と定義し（広井、2009、11頁）、農村型コミュニティと都市型コミュニティに分類しています。

今日の日本は農村型コミュニティが崩れ、都市型コミュニティに移行している時期だと指摘します。農村型コミュニティではコミュニティの同質性が尊重され、「共同体に一体化する個人」の情緒的で非言語的なつながりが基盤となります。甲子園の高校野球で母校や郷土の高校を応援するのがその例です。一方、都市型コミュニティでは個人間の一定の異質性を前提とし、「独立した個人と個人」による共通の規範やルールに基づく言語的なつながりが基盤となります。農村型コミュニティにおける人のつながりは一体化を目指す"bonding"（絆づくり）であり、都市型コミュニティにおける人のつながりは異文化間でかかわる"bridging"（橋渡し）です。

　私は農村型コミュニティ時代の日本で子ども時代と青年期を過ごし、会社員を経験しました。30代になって約7年間、都市型コミュニティの先進国であるアメリカで修行し、都市型コミュニティの合理性に学びながら、農村型コミュニティのよさ（例えば、情緒的なつながり）も再発見しました。そして学校教育では、一人一人の子どもが周囲との"同じ"と"違い"を尊重して（平木・伊藤、2007）生きる力を育てることを目指したいと思い、そのキーワードとして「人とつながるオンリーワン」（石隈、2007）を提唱してきました。

　子どもを育てるのは、重要な他者（家族・教師・友人など）からの関心であり、農村型コミュニティの情緒的な「社会的絆」が必要です。子どもが育つコミュニティが、農村型コミュニティのよさを基盤としながら、都市型コミュニティのよさ（例えば、多様性の尊重）のよさを加えて、「日本型コミュニティ」になることを目指して、現場の先生方と一緒に考えたいと思っています。

　2021年の中央教育審議会の答申（文部科学省、2021）では、「令和の日本型学校教育」として、「個別最適な学び」と「協働的な学び」が重視されています。個別最適な学びは、一人一人の子どもの学習達成度等のアセスメントを行い、個の教育ニーズに応じる「指導の個

別化」と子どもの興味・関心・キャリア形成の方向性等に応じる「学習の個性化」の両側面があります。そして協働的な学びは、「主体的・対話的な深い学び」であり、あらゆる他者を価値ある存在として尊重し、「持続可能な社会の創り手」を目指すものです。個別最適な学びと協働的な学びのどちらも都市型コミュニティにふさわしい学びを支える教育ですが、協働的な学びには農村型コミュニティの社会的な絆も関連します。

『生徒指導提要』では、生徒指導の目的を「児童生徒一人一人の個性の発見とよさや可能性の伸長」を支えること、としています。そして、①自己存在感の感受の促進、②共感的な人間関係の育成、③自己決定の場の提供、④安全・安心な風土の醸成、という学習集団・学級集団を育てる生徒指導の４つの視点が紹介されています。これからの生徒指導は、子どもが育つ安全・安心の風土で、個性を認め多様性を尊重することを軸として、互いに共感しながら個人の自己存在感と自己決定を尊重することを指針としています。

『提要』が示す新しい生徒指導は、まさに令和の日本型学校教育の一環であり、農村型コミュニティのよさを維持しながら、都市型コミュニティで生きる力を育てるものといえます。日本の教育文化の担い手であるすべての日本人にとって、学校教育の担い手である教職員にとって、チャレンジとなる課題です。それはわくわくする課題ですが、「解」のない問いと試みを、学ぶ主体である子どもとともに、生涯学習を続ける大人が協働で実践するものだといえます。

2．チーム学校：学校、家庭、地域の連携

児童生徒が変化の激しい社会で生きているための資質能力を獲得するために出された2015年の中央教育審議会の答申（文部科学省、2015）以降、「チームとしての学校（チーム学校）」が文部科学省の

施策の大きな柱となっています。チーム学校は学校教育の主体であり、学校教育の体制です。チーム学校には、「学校内の教職員のチームの強化」と「学校・家庭・地域の関係機関等の連携の強化」という2つの側面があり、地域コミュニティで子どもを育てるという意味で、「チーム子育て」といえます（石隈・家近、2021）。

(1) チーム学校の方針

　「チーム学校」の答申（文部科学省、2015）では、学校教育を充実させるために3つの方針（以下の1)、2)、3)）を示しました。『生徒指導提要』ではもう1つの方針として4)が加えられました。

1) 専門性に基づくチーム体制

　第1のステップは、教師が教育に関する専門性と得意分野で、チームとしての機能を強化することです。第2のステップは、心理（ＳＣ）・福祉（スクールソーシャルワーカー〔ＳＳＷ〕）等の専門スタッフを学校の教育活動の中に位置づけ、教師と専門スタッフとの連携・協働の体制の充実です。ここに第3のステップを加えたいと思います。それは、学校・家庭・地域の隣人や専門家との連携です。

　これらの多様な専門性に基づくチーム体制は、教職員、家族、地域の援助者による対等な「横の連携」といえます。協働する"チーム"のイメージの中心となるものです。

2) 学校のマネジメント機能の強化

　チーム学校では、校長のリーダーシップを中心にして、主幹教諭の配置の促進や事務機能の強化など、マネジメント体制を支える仕組みの充実を図ることが求められます。管理職等のリーダーシップによる、学校組織の「縦の連携」といえます。学校の教育改革、働き方改革、そして危機対応では、マネジメントが鍵を握ります。

　さらに学校のマネジメント機能は、地域レベルで、教育委員会との連携を機能させることも必要です。教育委員会と各学校の連携

で、不登校やいじめに関する対応や幼稚園・小学校・中学校・高校等の接続が促進されることが期待されます。

3) 教職員が力を発揮できる環境の整備

チーム学校を通して、教職員が力を発揮できるように人材育成や業務改善の取組を進めることです。校務分掌や業務の内容や進め方の見直し、そして教職員のメンタルヘルス対策等に取り組むことが重要とされています。教育の「場の整備」といえます。

今日の「学校における働き方改革」は、チーム学校の方針と一致しています。働き方改革は教職員が労働者として尊重されることが必要条件であり（内田・斉藤編、2018）、教職員が教育の専門家として尊敬されることで十分条件が満たされると、私は思います。

4) 教職員間の「同僚性」の形成

『提要』では教職員の「同僚性」の意義を強調しています。同僚性とは、互いの専門性や強みを活かして協働する関係です。それは、①教職員の受容的・支持的・相互扶助的な人間関係であり、②教職員のメンタルヘルスの維持とセルフ・モニタリングにつながります。学校教育の一貫としての生徒指導の体制には役割や業務の遂行の手続きというハードなシステムと、同僚性という互いに学び合い支え合うソフトなシステムが相補的に機能することが求められるのです。

日本の社会や学校が農村コミュニティから都市型コミュニティに移行するとき（広井、2009）、集団の一体感を優先する同調性への過度な依存から脱却する必要があります。そして学校教育の質向上のためには、教職員が互いに支え合う関係の中で、互いの意見を述べ合いしっかりと議論し、互いを尊重する同僚性の醸成が鍵を握ると思います。それは子どもの協働的な学びのモデルになるはずです。

⑵　チーム学校のイメージ図

続いて、『生徒指導提要』で示された組織イメージ図（図序-1）

図序-1 チーム学校における組織イメージ

『生徒指導提要』69頁

を用いて、チーム学校について説明します。『生徒指導提要』では、この図についての詳しい説明はありませんので、学校心理学に基づく、筆者の考察になります（石隈、2023b）。

　図序-1は、学校、家庭、地域の関係機関の関係が示されています。これまで学校は家庭に学校教育への協力を求めることが多かったのですが、多様な家庭の状況を踏まえると、学校と家庭は相互支援の関係にあることが子育ての充実につながります。ＳＳＷなどの活用により、学校は経済的に苦戦している家庭を福祉サービスにつなぐことができます。また地域には、教育支援センター、病院、児童相談所などの専門機関の他に、自治体、ＰＴＡ、ＮＰＯ法人など、豊かな資源があります。

　またＳＳＷである鈴木庸裕氏は、学校を休んでいる子どもを「不登校児童生徒」ではなく「在宅児童生徒」と呼ぶことを提唱します（鈴木、2002）。「不登校」と強調する結果、不登校状態の子どもの援

助の責任がすべて学校にあるように思われるからです。在宅児童生徒の学習支援や生活支援をどうするかを、チーム学校、チーム子育てとして考えるのです。不登校の子どもが教育支援センターに通う場合は、学校の教育相談担当教師、センターの心理職、保護者などによるチーム援助が行われます。また在宅の子どもへの福祉サービスとしては、昼食の宅配が望まれます。

図序-1に戻ります。学校は、マネジメントゾーン、教職員ゾーン、地域との境界ゾーンの3つの層から構成されます（石隈、2023b）。

第1の「マネジメントゾーン」（図序-1の台形の部分）には、校長、副校長・教頭、主幹教諭、事務長などが入り、子どもの心理教育的援助サービスのマネジメント（縦の連携）の強化が鍵になります。ヒューマンサービスの専門家である教師の集団のマネジメントでは、各自の専門性の尊重と生徒指導主事などの主幹教諭（ミドルリーダー）の活用が求められます。

第2の「教職員ゾーン」（図序-1の楕円部分）には、教諭、養護教諭、事務職員などとともに、ＳＣとＳＳＷが入ります。ＳＣとＳＳＷは専門スタッフであり、雇用や勤務体制（例えば、週1回、会計年度職員等）からいえば、「境界ゾーン」の位置づけかもしれません。それを『生徒指導提要』では教職員ゾーンに位置づけたのは、不登校、いじめなど生徒指導上の課題における子どもの援助において、ＳＣとＳＳＷとの協働が欠かせないという認識があるからです。ＳＣやＳＳＷを正規の教職員として位置づける方向性を示しているといえます。チーム学校の答申（文部科学省、2015）でも、ＳＣやＳＳＷについて「国は、将来的には学校教育法等において正規の職員として規定する」よう検討することが明記されています。つまり学校教育法第37条1項の「小学校には、校長、教頭、教諭、養護教諭及び事務職員を置かなければならない」、あるいは同条2項「前項に規定するもののほか、副校長、主幹教諭、指導教諭、栄養教諭

その他必要な職員を置くことができる」の改正の検討を意味していると思われます。そして生徒指導主事や教育相談コーディネーターには、生徒指導のコーディネーターとして、教師、ＳＣ、ＳＳＷ、さらに地域の援助資源をつなぐ役割が期待されています。

　第3の「地域との境界ゾーン」（図序−1の外側の楕円部分）には部活動指導員等専門的スタッフ、コミュニティ・スクールの地域学校協働活動推進員等コーディネーター、スクールロイヤーなどが入ります。多様な子どもに対して適切な援助を行うためには、学校・家庭・地域の関係機関等により、横の連携を拡大していくことが求められています。つまり学校と家庭の相互援助、児童相談所等の地域の関係機関や隣人等の学校教育への参画が鍵を握るのです。学校の運営を学校と地域住民で推進するコミュニティ・スクールは、学校と地域の橋渡しを促進します。

　この図序−1で注目すべきは、チーム学校における児童生徒の存在です。もちろん子どもの居場所は、家庭であり、学校であり、地域でもありますが、チーム学校の図では学校の中に児童生徒を位置づけています。児童生徒と教職員が協力して学校をつくるという宣言です。まさにチーム学校は、こども家庭庁で提唱されている「こどもまんなか社会」の実現に向けた一歩です。

　もちろんそのためには、「こども基本法」にのっとり、子どもが意見を表明する機会の提供が必要になります。子どもが1人の人間として尊重され、大人と意見を交流することは、都市型コミュニティを象徴する姿です。

3．学校教育サービスを支える学校心理学

⑴　学校心理学とは

　学校心理学は、心理教育的援助サービスの理論と実践の体系です

図序-2　子どもの学校生活における4つの側面

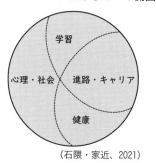

（石隈・家近、2021）

図序-3　学校心理学の領域：「生徒指導」から「生徒支援」へ

（石隈、1999）。そして心理教育的援助サービスは、一人一人の子どもの学習面、心理・社会面、進路・キャリア面、健康面という4つの側面（図序-2）における問題状況の解決であり、すべての子どもの成長を促進する教育活動と定義されます（石隈・家近、2021）。

　学校心理学の領域は、図序-3にあるように、生徒指導（教育相談）、特別支援教育、学校保健などであり、ＳＣの活動と共有できる実践モデルです。学校教育と心理学の知見を統合して、子どもの学校生活の質（Quality of School Life: QOSL）を援助することを目指すのが学校心理学です。

⑵　学校心理学の哲学

　学校心理学の哲学として、4点紹介します（石隈、1999、2023a）。

①子どもをユニークな1つの人格として、そして個人差のある1人の児童生徒（学習者）として尊重する。

②子どもが課題に取り組み成長していく過程で、葛藤や問題が生じるのは避けられないことであり、葛藤や問題に対処していくことを通して子どもは成長する。

③子どもは自分の能力・性格・特性（自助資源）と周りのさまざまな援助資源を活用しながら、自分のペースで成長していく。

④すべての子どもは発達の過程で、援助が必要である。すべての教職員、家族、地域の連携で、すべての子どもの成長を援助する。

⑶ 『生徒指導提要』を支える学校心理学の考え方と実践モデル

生徒指導のガイドラインである『生徒指導提要』において「生徒指導」から「生徒の発達支援」に舵を切るとき、学校心理学の提唱する心理教育的援助サービスのモデルが参考になります。『提要』が示す生徒指導の柱と学校心理学のモデルの呼応について述べます。

1）一人一人の子ども、多様な子どもの発達の支援

互いの異質性を前提として多様性を認める都市型コミュニティでの生きる力の育成は、『提要』における「個性を発見し、よさや可能性を伸長する」という生徒指導の目的に反映されています。

2）学習面、心理・社会面、進路・キャリア面、健康面の援助

学校心理学は、子どもの学習面、心理・社会面、進路・キャリア面、健康面など、トータルな学校生活に焦点を当てます。『提要』においても、学習指導と生徒指導の一体化、道徳や特別活動における生徒指導など、学校生活全体、すべての教育の場面で、生徒指導の充実を図ります（本書第3章、第5章参照）。

3）3段階の心理教育的援助サービス

学校心理学では、すべての子どもが共有する援助ニーズに応じる1次的援助サービスを土台として、学校生活で苦戦が始まった、あるいは苦戦するリスクの高い一部の子どもへの2次的援助サービス、特定の子どもの特別な援助ニーズに応じる3次的援助サービスの積み上げ・円環的実践モデルが提唱されています（図1‐3〔40頁〕、図4‐1〔71頁〕）。『提要』で示された重層的支援構造は、3段階の（3階建ての）心理教育的援助サービスモデルを発展させたものです。1次的援助サービスは発達支持的生徒指導と課題未然防止教育に分かれています（本書第4章、第6章参照）。

4）3層のチーム援助システム

学校心理学では、個別の援助チーム、コーディネーション委員会、マネジメント委員会からなる3層のチーム援助システム（図8‐1

〔123頁〕）が提唱されており、『提要』で示された支援チームの形態（図8-3〔126頁〕）と呼応します（本書第2章、第6章、第7章、第8章参照）。機動的連携型支援チームとネットワーク型支援チームは、個別の援助チームです。また校内連携型支援チームは、コーディネーション委員会です。

＊

　最後に。社会的絆を大切にする農村型コミュニティのよさを基盤として、一人一人の異質性を認め、個性を尊重する都市型コミュニティのよさを取り入れる方向で、学校教育が見直されています。新しい学校教育の一環として生徒指導を「子どもの発達支援」ととらえ直すとき、一人一人の子どもの多様な発達に焦点を当てる学校心理学は有用だといえます。もちろん、子どもの援助には、福祉学、社会学、医学などの知見と方法も必要です。学校心理学は、多分野の知見を統合する学校教育の進化の一歩にすぎません。社会の変化に応じて、学校教育サービスを進化させていきたいと思います。

〈参考・引用文献〉
平木典子・伊藤伸二（2007）『話すことが苦手な人のアサーション―どもる人とのワークショップの記録』　金子書房
広井良典（2009）『コミュニティを問いなおす―つながり・都市・日本社会の未来』筑摩書房
石隈利紀（1999）『学校心理学―教師・スクールカウンセラー・保護者のチームによる心理教育的援助サービス』誠信書房
石隈利紀（2007）「特別寄稿：人とつながるオンリーワン」『山形教育』（山形県教育センター）341、26-28頁
石隈利紀（2023a）「公認心理師の業務②―学校・教育領域」岩壁茂・遠藤利彦・黒木俊秀・中嶋義文・中村知靖・橋本和明・増沢高・村瀬嘉代子編『臨床心理学スタンダードテキスト』金剛出版、37-50頁
石隈利紀（2023b）「チーム学校による生徒指導―児童生徒の主体性と意見を活かす」『生徒指導提要（改訂版）―全文と解説』学事出版
石隈利紀・家近早苗（2021）『スクールカウンセリングのこれから』創元社
文部科学省（2015）「チームとしての学校の在り方と今後の改善方策について（答申）」中央教育審議会
文部科学省（2021）「『令和の日本型学校教育』の構築を目指して～全ての子供たちの可能性を引き出す、個別最適な学びと、協働的な学びの実現～（答申）」中央教育審議会
鈴木庸裕（2002）「学校ソーシャルワークの実践的課題と教師教育プログラム―ソーシャルワークの専門性と現職教育の方法」『福島大学教育学部実践研究紀要』43、57-64頁
内田良・斉藤ひでみ編著（2018）『教師のブラック残業―「定額働かせ放題」を強いる給特法とは⁉』学陽書房

第1章

生徒指導と学校心理学

山口豊一・中井大介・相樂直子

1．児童生徒の生徒指導上の現状

　近年、児童生徒を取り巻く環境が大きく変化する中、いじめの重
大事態や児童生徒の自殺者数の増加傾向が続いており、きわめて憂
慮すべき状況にあります。『生徒指導提要』でも指摘するように、児
童生徒が抱える課題の背景には、児童生徒の個人の性格や社会性、
発達障害あるいはその傾向を抱えているといった個人的要因、児童
虐待や家庭内暴力、家庭内の葛藤、経済的困難などの家庭的要因、
また、友人間での人間関係に関する要因など、さまざまな要因が絡
んでいます。

　このような現状において、児童生徒の生徒指導上の諸課題（不登
校・いじめ・ヤングケアラーなど）に対する適切な支援をはじめ、
一人一人の児童生徒および保護者への望ましい対応のあり方を見出
すための生徒指導の充実が叫ばれています（山口・石隈編、2020）。

2．生徒指導の定義と意義

⑴　生徒指導の定義

　『生徒指導提要』では、生徒指導を「児童生徒が、社会の中で自分
らしく生きることができる存在へと、自発的・主体的に成長や発達
する過程を支える教育活動のことである。なお、生徒指導上の課題
に対応するために、必要に応じて指導や援助を行う」と定義してい
ます。

　この定義によると、生徒指導の主体は児童生徒であり、教職員は
児童生徒の成長や発達を支える専門的なサポーターという立ち位置
になります。ただし、児童生徒が生徒指導の諸課題に直面した場合
は、教職員は指導や援助を行います。

⑵　生徒指導の機能

　また、『生徒指導提要』では、生徒指導の機能について「生徒指導
は、児童生徒が自身を個性的存在として認め、自己に内在している
よさや可能性に自ら気付き、引き出し、伸ばすと同時に、社会生活
で必要となる社会的資質・能力を身に付けることを支える働き（機
能）です」と、説明しています。つまり、児童生徒が自助資源を生
かして社会適応能力を身につけるのを支援する働きと言えます。

3．生徒指導の分類と構造

　生徒指導は、児童生徒の課題への対応を時間軸や対象、課題性の
高低という観点から類別することで、図1-1のように分類するこ
とができます。以下、『生徒指導提要』に沿って、生徒指導の分類と
構造を見ていきましょう。

⑴　生徒指導の2つの側面（プロアクティブ／リアクティブ）

　児童生徒の課題への対応の時間軸に着目すると、図1-1の右端
のように常態的・先行的（プロアクティブ）と即応的・継続的（リ
アクティブ）の2軸に分けられています。

①常態的・先行的（プロアクティブ）生徒指導：発達支持的生徒指
　導と課題未然防止教育のことを指します。日常の授業や体験活動
　を通した「育てる生徒指導」です（八並、2023）。

図1-1　生徒指導の分類

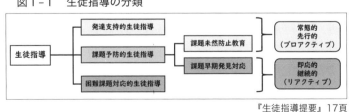

『生徒指導提要』17頁

②即応的・継続的（リアクティブ）生徒指導：課題早期発見対応と
　困難課題対応的生徒指導を指します。児童生徒が、諸課題に直面
　した場合の事後対応的な「直す・かかわり続ける生徒指導」です
　(八並、2023)。

⑵　生徒指導の３類と４層
　課題性の高低の分類を示したのが、３類（発達支持的生徒指導、
課題予防的生徒指導、困難課題対応的生徒指導）です。課題性は、
発達支持的生徒指導、課題予防的生徒指導、困難課題対応的生徒指
導の順番で高くなります（八並、2023）。
　さらに、対象となる児童生徒の範囲から分類すると、すべての児
童生徒を対象とした第１層「発達支持的生徒指導」と第２層「課題
予防的生徒指導：課題未然防止教育」、一部の児童生徒を対象とし
た第３層「課題予防的生徒指導：課題早期発見対応」、そして、特定
の生徒を対象とした第４層「困難課題対応的生徒指導」の４層にな
ります。これら２軸３類４層から成る生徒指導の重層的支援構造を
示したのが、図１-２です。

図１-２　生徒指導の重層的支援構造

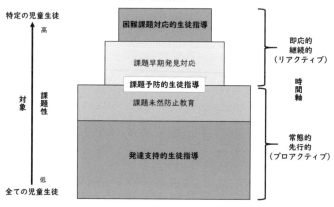

『生徒指導提要』19頁

1) 発達支持的生徒指導

　第1層の発達支持的生徒指導は、すべての児童生徒を対象に、学校の教育目標の実現に向けて、教育課程内外のすべての教育活動において進められる生徒指導の基盤となるものです。発達支持的というのは、児童生徒が自発的・主体的に自らを発達させていくことを尊重し、その過程を学校や教職員がいかに支えていくかという視点に立っています。教職員は、児童生徒の「個性の発見とよさや可能性の伸長と社会的資質・能力の発達を支える」ように働きかけます。

　日々の教職員の児童生徒への挨拶や声かけ、授業や行事等を通した個と集団への働きかけを通して自己理解力、コミュニケーション力、思いやり、人間関係形成力、課題解決力などの発達を支援していきます。児童生徒を観察し、時にかかわりながら児童生徒のよさや可能性について、教職員間で情報共有をしながら児童生徒理解を深めていくことが大切です。学校の状態を多角的に見るために、生徒指導主任、教育相談担当、特別支援教育担当、養護教諭、スクールカウンセラー（ＳＣ）、スクールソーシャルワーカー（ＳＳＷ）など多職種の連携を図り、意見を取り入れていくことが求められます。

　このような働きかけを学習指導と関連づけて行うことも重要です。意図的に、各教科、「特別の教科道徳」、総合的な学習（探究）の時間、特別活動等と密接に関連させて取組を進める場合もあります。

2) 課題予防的生徒指導：課題未然防止教育

　課題予防的生徒指導は、課題未然防止教育と課題早期発見対応から構成されます。

　第2層の課題未然防止教育は、すべての児童生徒を対象に、将来直面するであろう課題を先取りし、予防することを目的とした、意図的・組織的・系統的な教育プログラムの実施を目的としています。具体的には、『生徒指導提要』の「第Ⅱ部　個別の課題に対する生徒指導」で指摘している、いじめ防止教育、ＳＯＳの出し方教育

を含む自殺予防教育、薬物乱用防止教育、情報モラル教育、非行防止教室等が該当します。

3) 課題予防的生徒指導：課題早期発見対応

第3層の課題早期発見対応では、課題の予兆行動が見られたり、問題行動のリスクが高まったりするなど、気になる一部の児童生徒を対象に、深刻な問題に発展しないように、初期の段階で諸課題を発見し、対応します。例えば、成績の低下や遅刻・欠席の増加、保健室への来室の増加、学級担任やＳＣへの来談、身だしなみの変化などのある児童生徒に対して、いじめや不登校、自殺などの深刻な事態に至らないように、早期に教育相談や家庭訪問などを行い、実態に応じて迅速に対応します。また、いじめアンケートのような質問紙に基づくスクリーニングテストや、ＳＣやＳＳＷを交えたスクリーニング会議によって気になる児童生徒を早期に見出して、指導・援助につなげます。

さらに早期対応では、課題を有する児童生徒を特定したら、問題の予防を視野に入れて、面談などの介入を開始します。しかし、児童生徒が必ずしも個別の支援を求めているわけではありません。学級担任やクラスメートに知られたくないなどという背景がある可能性があるからです。その際、その児童生徒にかかわりのある担任以外の教職員と情報共有をしながら、慎重にかかわっていき、場合によっては児童生徒が話しやすいと感じている教職員などの協力を得て、休み時間などを利用しながら、心配していることを伝え、話せる機会をつくる必要があります。また、保護者との連携も大切です。

4) 困難課題対応的生徒指導

第4層の困難課題対応的生徒指導は、いじめ、不登校、少年非行、児童虐待など特別な指導・援助を必要とする特定の児童生徒を対象に、校内の教職員（教員、ＳＣ、ＳＳＷ等）だけでなく、校外の教育委員会、警察、病院、児童相談所、ＮＰＯ等の関係機関との連携・

協働による課題対応を行います。

　困難課題対応的生徒指導においては、学級担任による個別の支援や学校単独では対応が困難な場合に、生徒指導主事や教育相談コーディネーター中心の校内連携型支援チームや、校外の専門家を有する関係機関と連携・協働したネットワーク型支援チームを編成して対応します。

　大切なことは、どの範囲でチームを組むか、いつどのようにチーム会議を展開するかといったことを決めておき、その支援チームで何を、どこまで話し合うかを決めておくことです。困難課題対応的生徒指導にとっては、児童生徒の背景を含めた理解が大事です（水野、2023）。

4．生徒指導のねらいと留意点

　『生徒指導提要』では生徒指導の目的を、「児童生徒一人一人の個性の発見とよさや可能性の伸長と社会的資質・能力の発達を支えると同時に、自己の幸福追求と社会に受け入れられる自己実現を支えること」と述べています。そして、その目的を達成するためには「自己指導能力」を獲得することが目指されます。

　以下、『生徒指導提要』に沿って、自己指導能力育成の4つのポイントを説明します。

⑴　自己存在感の感受の促進

　児童生徒の教育活動の大半は、集団一斉型か小集団型で展開されます。そのため、集団に個が埋没してしまう危険性があります。そうならないようにするには、学校生活のあらゆる場面で、「自分も1人の人間として大切にされている」という自己存在感を、児童生徒が実感することが大切です。

また、ありのままの自分を肯定的にとらえる自己肯定感や、他者のために役立った、認められたという自己有用感を育むこともきわめて重要です。

⑵　共感的な人間関係の育成

　学級経営の焦点は、教職員と児童生徒、児童生徒同士の選択できない出会いから始まる生活集団を、どのようにして認め合い、励まし合い、支え合える学習集団に育てていくのかということに置かれます。自他の個性を尊重し、相手の立場に立って考え、行動できる相互扶助的で共感的な人間関係をいかに早期につくり上げるかが重要となります。

⑶　自己決定の場の提供

　児童生徒が授業場面で自ら考え、選択・決定する、あるいは発表する、制作する等の体験が何より重要です。児童生徒の自己決定の場を広げていくためには、学習指導要領が示す「主体的・対話的で深い学び」の実現に向けた授業改善を進めていくことが求められます。

⑷　安全・安心な風土の醸成

　児童生徒一人一人が、個性的な存在として尊重され、学級で安全かつ安心して教育を受けられるように配慮する必要があります。お互いの個性や多様性を認め合い、安心して授業や学校生活が送れるような風土を、教職員の支援のもとで、児童生徒自らがつくり上げるようにすることが大切です。

　そのためには、教職員による児童生徒への配慮に欠けた言動、暴言や体罰等が許されないことはいうまでもありません。

5．生徒指導の課題

(1)　児童生徒の権利の理解

1)　児童の権利に関する条約

　生徒指導を実践する上で、児童の権利に関する条約（「子ども権利条約」ともいう。日本は1994〔平成6〕年に批准）の以下の4つの原則を理解しておくことが不可欠です（山口ら、2015）。

　①児童生徒に対するいかなる差別もしないこと（**差別の禁止**）、②児童生徒にとって最もよいことを第一に考えること（**児童の最善の利益**）、③児童生徒の命や生存、発達が保障されること（**生命・生存・発達に対する権利**）、④児童生徒は、自由に自分の意見を表明する権利をもっていること（**意見を表明する権利**）。

　いじめや暴力行為は、児童生徒の人権を侵害するばかりでなく、進路や心身に重大な影響を及ぼします。教職員は、いじめの深刻化や自殺の防止を目指す上で、児童生徒の命を守るという当たり前の姿勢を貫くことが大切です。

2) こども基本法

　2022（令和4）年6月に公布された「こども基本法」においては、「日本国憲法及び児童の権利に関する条約の精神にのっとり、次代の社会を担う全てのこどもが、生涯にわたる人格形成の基礎を築き、自立した個人としてひとしく健やかに成長することができ、心身の状況、置かれている環境等にかかわらず、その権利の擁護が図られ、将来にわたって幸福な生活を送ることができる社会の実現を目指して、社会全体として（中略）こども施策を総合的に推進すること」が目的として示されています（第1条）。本法基本理念の趣旨については、基本的人権の保障、教育を受ける権利の保障、意見表明権、最善の利益などの記載があります。

⑵　ＩＣＴの活用

1)　データを用いた生徒指導と学習指導との関連づけ

　2020（令和２）年度実施の学習指導要領では、「学習指導と関連付けながら、生徒指導の充実を図ること」と明記されています。学習指導と生徒指導が相関的な関係をもつことは、多くの教職員が経験的に実感していると思います。児童生徒の孤独感や閉塞感の背景には、勉強がわからない、授業がつまらない等、学習上のつまずきや悩みがある場合が少なくありません。わかりやすい授業、誰にも出番のある全員参加の授業が、児童生徒の自己肯定感や自己有用感を高めます。学習指導と生徒指導の相互作用をデータから省察することが求められます。

2)　悩みや不安を抱える児童生徒の早期発見・対応

　ＩＣＴを活用することで、児童生徒の心身の状態の変化に気づきやすくなる、あるいは、児童生徒理解の幅の広がりにつながることも考えられ、悩みや不安を抱える児童生徒の早期発見や早期対応の一助になることも期待されます。

3)　不登校児童生徒等への支援

　学校に登校できない児童生徒に対する学習保障や生徒指導という観点から、ＩＣＴを活用した支援は「義務教育の段階における普通教育に相当する教育の機会の確保等に関する法律」の「不登校児童生徒が行う多様な学習活動の実情を踏まえ、個々の不登校児童生徒の状況に応じた必要な支援が行われるようにすること」（第3条2号）という基本理念の実現方法の１つといえます。また、病気療養中の児童生徒については、ＩＣＴを活用した通信教育やオンライン教材等を活用するなど、教育機会の確保に努める必要があります。

⑶　幼児教育との接続

　生徒指導の考え方に立てば、幼児期において、信頼する大人との

温かな関係の中で幼児が自己を発揮しながら、他の幼児や地域の人々等との関係を深めていくことは、非常に重要です。幼稚園・保育所・認定こども園と小学校の教職員が交流体験や情報交換を行うことを通して、幼児がどのように人に対する信頼感や思いやりの気持ちをもてるようになるのか、あるいは、現状での幼児教育や小学校教育の課題がどこにあるのかを、相互理解することが大切です。

⑷　社会的自立に向けた取組

　生徒指導は、児童生徒が社会の中で自分らしく生きることができる存在となるように適切な働きかけを行うことであるという点に留意し、社会的自立に向けた取組を日常の教育活動を通じて実施することが求められます。

　民法の改正により、2022（令和4）年4月から、成年年齢が18歳に引き下げられたことから、18歳となった時点で生徒は成人となり、親権に服することがなくなります。このように、生徒の自立が制度的に前倒しとなる部分がある一方で、社会的自立が困難な状況にある若者の存在も課題とされています。

　2010（平成22）年に施行された「子ども・若者育成支援推進法」に基づく「子供・若者育成支援推進大綱」（2021〔令和3〕年4月6日、子ども・若者育成支援推進本部決定）は、成年年齢引き下げ等への円滑な対応に加えて、子ども・若者の生活する場として、家庭、学校、地域社会、情報通信環境（インターネット空間）および就業（働く場）の5つを挙げ、それぞれの課題について解説しています。学校という場の課題として、「児童生徒の多様化」「自殺、不登校等生徒指導上の課題の深刻化」「教職員の多忙化・不足」「学校の減少」「情報化への対応」の5点を示しています。日頃から児童生徒の社会的自立に向けた支援を行うこと、生涯を見通したキャリア教育や適切な進路指導を行うことも大切です。　　　　　　　　　　（山口豊一）

6. 学校における教育相談

⑴ 学校における教育相談の意義

1) 教育相談の目的

　『生徒指導提要』では、教育相談の目的を「児童生徒が将来におい
て社会的な自己実現ができるような資質・能力・態度を形成するよ
うに働きかけること」と定義しています。生徒指導と教育相談の目
的は共通で、教育相談は生徒指導の一環として位置づけられます。
生徒指導は集団や社会の一員として求められる資質や能力を身につ
けるよう働きかける発想、教育相談は個人の資質や能力の伸長を援
助する発想が強い傾向があります。この違いはありますが、生徒指
導と教育相談を一体化し、全教職員の共通理解のもと進めることが
必要です。そのためには、①指導や援助の在り方を、主観でなく児
童生徒理解（アセスメント）に基づいて考えること、②あらゆる場
面に通用する指導や援助の方法はないことを理解し、柔軟な働きか
けを目指すこと、③どの段階でどのような指導・援助が必要かとい
う時間的視点をもつことが必要だと指摘しています。

　また、教育相談は学校内外の連携に基づくチームで進められま
す。そのため、教育相談はチーム援助で子どもの成長を促進する学
校心理学の「心理教育的援助サービス」と深い関連があります。

2) 教育相談の意義

　改訂前の2010年の『生徒指導提要』では、学校での教育相談の主
な利点として、次の3つを指摘しています。

　第1は、早期発見・早期対応が可能という点です。児童生徒は日
常生活の大半の時間を学校内で過ごしているため、学校のあらゆる
場面で児童生徒をアセスメントし、問題のサインを早期に発見する
ことができます。第2は、援助資源が豊富であるという点です。学

校には校長などの管理職をはじめ、学級担任、教育相談担当教員、養護教諭、ＳＣ、ＳＳＷなどさまざまな立場の援助者がいます。つまり、学校心理学の枠組みからいえば、学校には多様な援助資源が存在し、すべての児童生徒を対象にチームで心理教育的援助サービスを提供することができます。第3は、連携がとりやすいという点です。学校は公的教育機関であるため、学校内はもちろんのこと、外部機関との連携もとりやすいという特徴があります。学校心理学では、この連携を「援助チーム」と呼びます。この援助チームの特徴は本書の第6章でも述べますが、子どもの援助ニーズが多様化する中で、医療機関や福祉機関など外部機関との連携を図ることです。

⑵　学級担任による教育相談

1)　教育相談活動とは

　『生徒指導提要』では、教育相談も生徒指導と同様に、2軸（①常態的・先行的、②即応的・継続的）、3類（①発達支持的教育相談、②課題予防的教育相談、③困難課題対応的教育相談）、4層（①発達支持的教育相談、②課題未然防止教育、③課題早期発見対応、④困難課題対応的教育相談）で進めるとしています。

　発達支持的教育相談(①)は、さまざまな資質や能力の積極的な獲得を支援する教育相談活動です。課題予防的教育相談は大きく2つに分類されます。第1の課題未然防止教育(②)は、すべての児童生徒を対象とした、ある特定の問題や課題の未然防止を目的に行われる教育相談で、第2の課題早期発見対応(③)は、ある問題や課題の兆候が見られる一部の児童生徒を対象として行われる教育相談です。困難課題対応的教育相談(④)は、困難な状況において苦戦している特定の児童生徒、発達や適応上の課題のある児童生徒などを対象とします。

　これらの教育相談は、学校心理学の3段階の心理教育的援助サー

ビス（１次的援助サービス（①②）、２次的援助サービス（③）、３次的援助サービス（④））に相当します。これらは、学校の教育計画全体の中に位置づけられて実施されます。

2）　学級担任が行う教育相談とは

　学級担任は、２軸３類４層の教育相談活動の中で重要な役割を担います。特に発達支持的教育相談・課題予防的教育相談で、学級担任は中心的な役割を担います。

　発達支持的教育相談では、児童生徒との信頼関係の構築や学級づくりを進めます。個々の児童生徒が学級内でよりよい人間関係を築き、学級に適応し、学習やさまざまな活動の効果を高められるよう、学級内での個別指導や集団指導を行います。課題予防的教育相談では、いじめ防止や暴力防止のためのプログラムの実践や、援助ニーズを抱える児童生徒を早期に発見し、即応的な支援を行います。

　また、保護者面談、学級通信などを通じた、保護者との関係づくりも欠かせません。日頃の学級経営で行う教育相談が、発達支持的教育相談と課題予防的教育相談の礎となります。一方、学級担任が１人で抱え込まずに、チーム学校で対応する姿勢を校内で共有することが非常に重要です。学校心理学では、このように職業上複数の役割に関連させながら一側面として心理教育的援助サービスを行う学級担任を「複合的ヘルパー」と呼びます。　　　　　（中井大介）

(3)　養護教諭が行う教育相談

　養護教諭は、健康面を中心に子どもを支援する専門職です。子どもたちの困難や課題が複雑化する中、養護教諭は、健康面を基点としながら、子どもの問題状況について把握し、トータルな心理教育的援助サービスの提供を行っています。

　養護教諭が行う教育相談の特徴として、子どもの心身の訴えから、困難や課題に関するアセスメントを行い、心身両面からの支援

を行うという点があります。具体的な取組としては、保健室を利用する子どもの様子から、早期支援につなぐこと（課題早期発見対応）、その前提として、子どものSOSをキャッチできる安全・安心な場として保健室を機能させること（発達支持的教育相談）があげられます。健康面に特別な援助ニーズがある子どもについては、担任や保護者、SCなど援助資源を調整しチーム援助の促進を図ること（困難課題対応的教育相談）も養護教諭の役割の1つです。近年は、医療や福祉をはじめとした専門家を活用するケースが増えており、管理職と連携しながら、これらの橋渡しを行うことも必要になっています。

　一方、子どもたちの困難や課題の未然防止にかかわる活動（課題未然防止教育）も重要です。児童生徒が抱える現代的な健康課題として挙げられるエイズ・性感染症、喫煙・飲酒・薬物乱用、メンタルヘルスの問題などについては、養護教諭が担任等と連携した保健教育が展開されています。養護教諭は、保健教育において「積極的な授業への参画・実施」「保健指導の充実」を図ることが求められており（日本学校保健会、2021）、今後のさらなる取組が期待されています。

（相樂直子）

【学校心理学の視点からの提案】

　学校心理学では、3段階の心理教育的援助サービス（石隈、1999）を提案しています（図1-3）。これは、図1-2の『生徒指導提要』の重層的支援構造と、ほぼ一致しています。子どもを援助する際に、このような援助サービスの階層性を意識することが非常に重要です。

　また、学校心理学では、子どもの発達課題、教育課題の援助を提案しています。課題とは、解決すべきことであり、取り組

図1-3　3段階の心理教育的援助サービス

石隈（1999）

むことが期待されていることです。子どもにとっての課題は、人間として発達すること、学校教育を受けること、家族の一員であることなどです。つまり、子どもが取り組む課題には、発達上の課題、教育上の課題、家族としての課題などがあります。

　心理教育的援助サービスの中心は、主に発達課題と教育課題の遂行を援助することです（石隈、1999）。そのことを通して、子どもが社会的に自己実現するような資質・態度を形成するのです。生徒指導は、子どもが発達課題と教育課題への取組を通して「生きる力」を育てる教育活動といえます。発達課題と教育課題という学校心理学のモデルは、生徒指導の見直しに有効だと考えています（山口・石隈編、2020、45-46頁を参照）。

（山口豊一）

〈参考・引用文献〉
石隈利紀（1999）『学校心理学―教師・スクールカウンセラー・保護者のチームによる心理教育的援助サービス』誠信書房
水野治久（2023）「生徒指導の基礎」八並光俊・石隈利紀編著『Q＆A 新生徒指導提要で読み解く これからの児童生徒の発達支持』ぎょうせい
日本学校保健会（2021）「学校保健の課題とその対応―養護教諭の職務等に関する調査結果から　令和２年度改訂」
山口豊一・石隈利紀編（2020）『新版 学校心理学が変える新しい生徒指導――一人ひとりの援助ニーズに応じたサポートをめざして』学事出版
山口豊一・小沼豊・高橋知己（2015）『学校での子どもの危機への介入』ナカニシヤ出版
八並光俊（2023）「生徒指導の基本的な進め方」八並光俊・石隈利紀・田村節子・家近早苗編著『やさしくわかる 生徒指導提要ガイドブック』明治図書出版

第2章

学校における生徒指導の体制

山口豊一

本章においての「体制」とは、計画、組織、研修のことです。本章では『生徒指導提要』の記述と学校心理学の知見（山口・石隈編〔2020〕を中心に）を統合しながら、生徒指導の体制が機能するために重要な計画、組織、研修の問題を取り上げます。

１．生徒指導の全体指導計画・年間指導計画

⑴　生徒指導体制づくりにおいて大切な３つの基本的な考え方

　『生徒指導提要』では、生徒指導体制づくりにおいて大切な基本的な考え方として、以下の①〜③を指摘しています。

①生徒指導の方針・基準の明確化・具体化：学校の教育目標を達成するための各々の取組について足並みを揃えるために、各学校においては「生徒指導基本指針」等を作成し、教職員によって目標が異なる実践が行われることを防止します。生徒指導の方針・基準の作成にあたっては、学校や児童生徒の実態把握に基づいて目標設定を行うことが重要です。

②全ての教職員による共通理解・共通実践：学校の教育目標として「児童生徒がどのような力や態度を身に付けることができるように働きかけるのか」という点についての共通理解を図り、共通理解された目標下で、すべての教職員が粘り強く、児童生徒に対して組織的な支援を行っていくことが重要です。児童生徒を取り巻く環境や発達段階を丁寧に理解した上で実践し、全校的な取組として進めることが求められます。

③ＰＤＣＡサイクルに基づく運営：ＰＤＣＡ（plan→do→check→action）サイクルでは、学校の環境、児童生徒の状況、保護者や地域の人々の願い等について聴取し、加えて、「児童生徒がどのような態度や能力を身につけるように働きかけるか」「何を生徒指

導の重点とするか」等の目標を立てます。これをもとに、年間計画（P）を策定し、実施（D）し、点検・評価（C）を行い、次年度の改善（A）へとつなげます。生徒指導体制のもとで進められている取組が児童生徒にとって効果的なものとなっているかを定期的に点検し続けることが重要です。

以上の3つの基本方針を踏まえ、生徒指導を運営するにあたっては、生徒指導の全体指導計画（図2‐1）および年間指導計画（表2‐1）を作成する必要があります。

(2) 生徒指導の全体指導計画

生徒指導の全体指導計画の作成にあたっては、学校の児童生徒の実態を十分踏まえることが大切です。そして、生徒指導の全体指導計画には、①教育目標、②めざす児童生徒像、③生徒指導目標、④生徒指導の努力事項、⑤学年別生徒指導目標等が明記されていることが望ましいです。

(3) 生徒指導の年間指導計画

生徒指導の年間指導計画には、①各月の生活目標、②学校行事、③校内・郊外生活、④保健安全指導、⑤教科・道徳・特別活動・総合学習を通しての支援等が明記されていることが望ましいです。

生徒指導を全校体制で推進していくためには、年間指導計画の整備と改善が重要な鍵となります。特に、児童生徒にかかわるさまざまな問題行動などを未然に防止して、発達を支える生徒指導を実現していくためには、適正な年間指導計画を作成することが不可欠です。意図的、計画的、体系的な指導につながる年間指導計画を作成・実行するために、『生徒指導提要』では、以下のような視点に立つ必要があるとします。

図2-1　生徒指導の全体指導計画例

○市立○○小学校

生徒指導全体計画

本校の教育目標
自ら学び　心豊かで　たくましい子どもの育成

本校の目指す児童像
◆ 正しい判断力を身につけ、創意工夫して、物ごとを解決しようとする子
◆ 美しいものを愛で、思いやりの心をもって、協力し合える子
◆ 思いやりのある子
◆ たくましい子
○強い意志と体力を持ち、ねばり強く物ごとをやりとげようとする子

（具体目標から）

生徒指導の目標
(1) 一人ひとりの人格を尊重し、個性の開発と伸長を図る。
(2) あらゆる機会を通し、児童との人間的なふれあいを心がけ、生き生きした学校生活を送れるように援助する。
(3) 一人ひとりの学業に関する問題を的確に把握し、効果的な援助指導に努める。
(4) 集団への所属感や連帯感の深化を図る。

指導の重点
(1) 一人ひとりにわかる授業を推進し、意欲的に学習に取り組む態度を育成する。
(2) 日常生活の基本的行動様式の徹底を図り、望ましい生活態度をつくるように指導・援助する。
(3) 全職員共通理解の上に立って、一貫した指導にあたる。
(4) 児童理解のために、日記指導等を通して、児童とのふれあいの機会を多く持つ。
(5) 児童同士の相互理解を深め、だれに対しても公平にふるまえるような、思いやりのある心豊かな子どもになるように指導・援助する。
(6) 児童の校外での生活指導を推進する。

学年目標
・児童一人ひとりが学校生活に楽しさや安心感をもって適応できるよう集団活動を通して基本的な生活習慣を身につけさせる。

低学年
・児童一人ひとりが学校生活に楽しさや安心感をもって適応できるよう集団活動を通して基本的な生活習慣を身につけさせる。

中学年
・学級（学校・学年）の一員としての自覚をもって学校生活に参加し、お互いに協力し合いながら、自分の能力を伸ばせるようにする。

高学年
・児童一人ひとりが責任感をもって学校生活に参加し、正しい判断力をもって進んで規律を守り、好ましい人間関係をつくり、自己実現できるようにする。

生徒指導の具体的な方策
(1) 校内生活
・生活、学習（教師指導用、児童用）のきまりの検討、改善
・習慣形成のための計画・援助
・児童理解のための諸調査の実施とその活用
・校内経営の工夫と一人一鉢運動の展開「花のある美しく整った学校」
(2) 校外指導
・休日前の生活指導　　（事故防止など）
・連休、長期休業中の過ごし方の指導
・PTA校外補導委員会等、地域との連帯感の深化
(3) 教育相談……個々の発見
・家庭環境の把握　　　家庭訪問、家庭環境調査等
・問題をもつ子の把握　　観察、日記指導等の充実
・関係機関との連携
・相談の対応
・「気になる児童」についての情報交換と研修

来年度へ向けての引き継ぎ・課題事項（評価）
・家庭環境、学業上、身体、生活・行動、長欠（不登校）

山口・石隈編（2020）34頁

表2-1　生徒指導に関する年間指導計画例

月	学 校 行 事 予 定	教科を通しての生徒指導	学級活動を通しての生徒指導	特別活動を通しての生徒指導	その他の場における生徒指導（休憩・清掃時の指導）	その他の場における生徒指導（校外生活に対する生徒指導）	その他の場における生徒指導（月の生活目標）	保健安全指導
（全体目標）		わかる授業をめざして　一人ひとりの児童が学習に興味・関心をもって楽しく学べるようにするとともに、定着を図り児童が学習に意欲的に取り組めるように努める。	学校における望ましい人間関係を育てるとともに、心身ともに健康で安全な生活を営む態度や習慣の形成を図り、仲間と協力してよりよい学級や学校生活をつくろうとする自主的、実践的な態度が育つように努める。	楽しい集団活動を通して望ましい人間関係を育て、個人及び集団の一員としての自覚を深め、協力してよりよい生活や人間関係を築こうとする自主的、実践的な態度が育つように努める。		校外生活における自己　家庭やその他の場における児童生活を把握し、健全な育成を図り、よりよい生活が送れるように努める。		家庭生活における自己　健康や安全に対する自己管理能力を高め、生涯にわたって健康・安全な生活が送れるように努める。
4	入学式・始業式　対面式／身体測定／授業参観	学級集団づくり	○児童の基本的な生活様式に関して指導し定着を図る。	仲間づくり	遊具等の安全な使い方／清掃区域の確認	地域における児童の安全／交通安全教室	学校のきまりを守ろう	集団下校／保健安全の指導
5	遠足（低・中学年）／家庭訪問／授業参観	一人ひとりの児童の学力／実態調査	健康調査	豊かな人間関係	文化関係調査	校外における児童の安全／交通安全教室	すすんであいさつをしよう	集団下校／給食調べ／給食会のあり方
6	スポーツテスト／知能テスト／プール開き／音楽集会	授業の場の構成（学習環境）	健康安全　プール開き	集団生活と日常の活動への参加	学校生活における遊具の使い方／清掃のしかた	校外における児童生活／帰宅後の遊び	けじめをつけて生活しよう	集団下校／梅雨時の保健／プールの入り方
7	授業参観／地区児童会／終業式	授業方法	座席作法　健康安全	集団生活と個人活動との関わりについての自覚	校内外における清掃用具の使い方	夏休みの生活について／地区別危険箇所点検	学習と運動のけじめをつけよう	集団下校／夏休みの保健／水泳のしかた
8	子ども会行事			集団行動目標と自己の役割分担	休業前の過ごし方／清掃用具の使い方	地区危険箇所調査／事故防止	規則正しい生活をしよう	
9	始業式／校内水泳大会／運動会	基礎学力の改善と工夫（学習環境）	整理整頓	自己の発見	昼休みの過ごし方／清掃用具の点検と扱い	廊下の問題指導／事故防止	学習と運動のけじめをつけよう	集団下校／運動会の練習／運動会参加のしかた
10	校内写生会・作品展／交通安全教室／宿泊学習（5）・修学旅行（6）	（学習環境）宿泊学習（5）	健康安全	集団の良さの発見	自己の遊び／運動的な清掃の点検と扱い	児童の家庭生活／家庭との連携を密に	寒さに負けずにがんばろう	集団下校／遠足・見学のしかた
11	市文化祭（音楽集会）／避難訓練・作品展／日曜授業参観・バザー	（発表のしかた）	協力する体験／他人の良さの発見	協力する体験　他人の良さの発見	冬の過ごし方／清掃用具の使い方	家庭生活についての反省／新しい年を迎えて	持ち物を大切にしよう	集団下校／避難訓練／集団参加
12	地区児童会／終業式	得意な教科を生かす学習指導（発展）	健康づくり　公共物の利用	奉仕の喜び	冬のわかるごとのくらし方	年末年始の事故防止	落ち着いた生活をしよう	集団下校／集会参加のあり方
1	始業式／校内書き初め会（中・小）	（引き出し）	金銭の活用	金銭の活用	年相応における校外生活	冬休みの生活について	寒さに負けずにがんばろう	集団下校／札幌正しくしよう
2	豆まき児童集会／新入児保護者会／避難訓練（地震）／安全教室	（拡大）	友情　信頼	学校をきれいにする方法	年相応における外遊び	個々の児童の問題と教育相談	身なりを整えよう	避難訓練／集団参加
3	授業参観／校内版画展／卒業式・予餞会／修了式	一人ひとりを認めほめる指導	自然発達	集団生活への過ごし方	集団生活への過ごし方	新年度に対する希望	1年間のまとめをしっかりやろう	新年度に対する希望／集会参加のあり方

・発達支持的生徒指導および課題未然防止教育に関する学校の生徒
　指導の目標や基本方針などを、年間指導計画の中に明確に位置づ
　ける。
・児童生徒が、将来、社会の中で自己実現を果たすことができる資
　質・態度や自己指導能力を身につけるように働きかけるという生
　徒指導の目的を踏まえて、年間指導計画の作成にあたる。
・計画性を重視した効果的な支援を積み上げていく。

　生徒指導の年間指導計画が実効的な機能を果たすためには、すべ
ての学校で計画の重要な柱となる、児童生徒を支え、指導・援助す
る「時期」と「内容」を明確に記す必要があります。年間指導計画
の作成を通して、教育課程とのかかわりを具体的に明らかにしてい
くことも求められます。なお、計画の中に担当部署や担当者名を明
記するなど、教職員一人一人に生徒指導に対する当事者意識を喚起
するような工夫を図っていくことも求められます。

2．生徒指導の組織

　各学校の校務分掌の組織やその構成の仕方は、その校種や規模な
どによってさまざまで、その名称や役割の分担にも相違が見られま
すが、ごく一般的な例を示せば、図2-2のようになります。
　生徒指導主事を主担当とする生徒指導部（生徒指導委員会等、学
校によって名称は異なります）は、学校の生徒指導を組織的、体系
的な取組として進めるための中核的な組織になります。

(1) 生徒指導体制
　生徒指導体制とは、学校として生徒指導の方針・基準（計画）を
定め、これを年間の生徒指導計画に組み込むとともに、事例研究な

図2-2　校務分掌一覧と生徒指導の組織の例

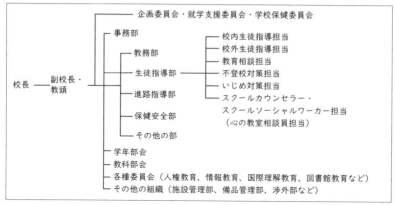

山口・石隈編（2020）35頁を一部改変

図2-3　生徒指導の学校教育活動における位置づけ

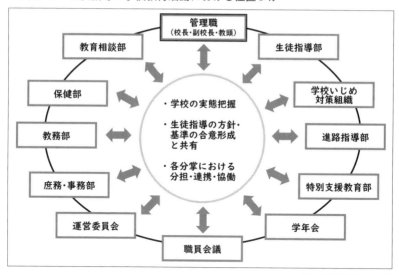

『生徒指導提要』74頁

どの校内研修を通じてこれを教職員間で共有し、一人一人の児童生徒に対して、一貫性のある支援を行うことのできる校内体制組織を意味します。つまり、生徒指導体制とは、生徒指導部の組織構成や取組体制を含め、すべての児童生徒を対象に全校的な支援を展開す

る体制であることを忘れてはならないでしょう（図2-3）。

　児童生徒と直接かかわることが多い学級担任は、学級経営を充実させたり、同僚間で相互に学び合ったりすることが求められます。教職員同士が支え合う学校環境組織を形成することで、児童生徒に関する校内の情報共有や、生徒指導や教育相談、進路指導等の充実が図られたりして、結果的に児童生徒に肯定的な影響が与えられます。

⑵　生徒指導部・生徒指導主事の役割

　生徒指導主事を主担当とする生徒指導部（生徒指導委員会等）は、学校の生徒指導を組織的・体系的な取組として進めるための中核的な組織になります。生徒指導部は、生徒指導主事と各学年の生徒指導担当に加えて、教育相談コーディネーターや養護教諭、スクールカウンセラー（ＳＣ）やスクールソーシャルワーカー（ＳＳＷ）等から構成されます。

　『生徒指導提要』によれば、生徒指導部の主な役割としては、生徒指導に関する企画・運営やすべての児童生徒への支援、問題行動の早期発見・対応、関係者等への連絡・調整などが挙げられます。

　生徒指導部および全校の生徒指導体制の要となる生徒指導主事には、担当する生徒指導部内の業務をラインとして処理していくだけでなく、学校の生徒指導全般にわたる業務の企画・立案・処理が職務として課せられます。『生徒指導提要』で指摘する、生徒指導主事に求められる主な役割は、次のとおりです。

①校務分掌上の生徒指導の組織の中心として位置づけられ、学校における生徒指導を組織的・計画的に運営していく責任をもつ。

②生徒指導を計画的・継続的に推進するため、校務の連絡・調整を図る。

③生徒指導に関する専門的事項の担当者になるとともに、生徒指導部の構成員や学級・ホームルーム担任、その他の関係する教職員に対して指導・助言を行う。

④必要に応じて児童生徒や保護者、関係機関等に働きかけ、問題解決にあたる。

生徒指導主事の役割を学校心理学の視点から見ると、「運営（マネジメント）」「連絡・調整（コーディネーション）」「指導・助言（コンサルテーション）」「問題解決（チーム支援）」にあたります。これらの役割を果たしていくためには、『生徒指導提要』では、次のような姿勢を求めています。

①生徒指導の意義や課題を十分に理解しておくこと。

②学校教育全般を見通す視野や識見をもつこと。

③生徒指導上必要な資料の提示や情報交換によって、全教職員の意識を高め、共通理解を図り、全教職員が意欲的に取組に向かうように促す指導性を発揮すること。

④学校や地域の実態を把握し、それらを活かした指導計画を立てるとともに、創意・工夫に基づく指導・援助を展開すること。

⑤変動する社会状況や児童生徒の心理を的確に把握し、それを具体的な指導・援助の場で活かすこと。

各学校においては、生徒指導主事の任にあたる教員に業務が集中することがないよう、全校的視点に立って人選と校務分掌組織の業務分担を進めていくことも大切です。

なお、小学校においては、生徒指導主事（生活指導主任）が学級担任を兼ねている場合が多いため、生徒指導主事に、副校長・教頭（もしくは教務主任等）、養護教諭を加えたチームで上記の役割を果たすことも考えられます。

3．生徒指導に関する研修

　生徒指導体制の充実のためには、すべての教職員が、問題意識や生徒指導の方針・基準を共有し、生徒指導を着実かつ的確に遂行することが求められます。そのための研修は、校内研修と校外研修に大別されます（山口編、2022）。

⑴　校内における研修
　校内研修には、全教職員が参加する研修と、校務分掌に基づく特定の教職員が参加する研修があります。全教職員が参加する研修は、教育理念や教育方法、生徒指導の方針・基準などについての共通理解、日常的な指導のための共通基盤の形成が目的です。
　そのほかにも、生徒指導を担当する教職員によって行われる研修等があります。

⑵　校外における研修
　校外研修は、主に教育委員会等によって主催されます。生徒指導を適切に行う資質や能力は、全教職員に必要であるため、教育委員会が行う初任者研修や中堅教諭等資質向上研修などに盛り込まれています。
　また、生徒指導主事や教育相談コーディネーター、進路指導主事など、校務分掌上の組織においてリーダーとなる教職員を対象とした研修も行われます。個々の生徒指導の力量を高めるだけでなく、ミドルリーダーとしての資質や能力の向上を図る内容が組み込まれていることが重要です。

(3) 生徒指導に関する研修の方向性

　生徒指導を効果的に進めるには、問題の本質をとらえ、バランスのとれた具体的な解決策を見出そうとする姿勢が必要です。『生徒指導提要』で述べられているように、あらゆる段階の研修において、「学び続ける教員」として、自己理解や、自らの実践や体験を批判的に問い直す姿勢を持ち続けるようにすることが大切です。

　全教師による生徒指導に関する校内研修会は、年度はじめから、学校の研修計画に位置づけておくことが望まれます。回数は、学期1回の年間3回程度が適当です。

【学校心理学の視点からの提案】

　図2-2の「企画委員会」や図2-3の「運営委員会」が、学校心理学のいう「マネジメント委員会」（図8-1〔123頁〕参照）にあたり、学校の援助サービスのマネジメントを担っています。校長がリーダーシップを発揮して、副校長（教頭）、主幹教諭、教務主任、学年主任、生徒指導主事、進路指導主事、保健主事などの各主任層から構成されています。

　マネジメント委員会には、①問題解決・課題遂行、②校長の意思の共有、③教職員の教育活動の管理、④組織の設定・活用・改善の4つの機能があります（山口・石隈、2010）。

　1995（平成7）年から、公立中学校へのスクールカウンセラーの配置が導入されて以来、学校における心理職の存在は少しずつ定着してきていると見受けられます。心理職の活用についてもマネジメント委員会で決定されています。スクールカウンセラー、スクールソーシャルワーカー、巡回相談員、ボランティア等、多様な援助資源を組み合わせ、効果的な援助をするた

めにも、学校マネジメントの充実が求められているのです。

　なお、心理職はたいていの場合、非常勤であり、その活用の仕方や位置づけは学校ごとに任せられているのが実態です。また、学校マネジメントの要である管理職も、非常勤の心理職も数年たてば異動し、心理職活用体制を再構築する必要が出てくることがあります。生徒指導は学校全体で取り組むべきであり、そうした現状を踏まえた上で対応を一貫させるように体制を整えることが重要になっているのです（山口編、2022）。

〈参考・引用文献〉
石隈利紀（1999）『学校心理学―教師・スクールカウンセラー・保護者のチームによる心理教育的援助サービス』誠信書房
山口豊一編（2022）『学校心理学の理論から創る生徒指導と進路指導・キャリア教育』学文社
山口豊一・石隈利紀（2010）「中学校におけるマネジメント委員会に関する研究」『日本学校心理士会年報』2、73-83頁
山口豊一・石隈利紀編（2020）『新版 学校心理学が変える新しい生徒指導――一人ひとりの援助ニーズに応じたサポートをめざして』学事出版
山口豊一・松嶋くみ子（2018）『学校心理学にもとづく教育相談―「チーム学校」の実践を目指して』金子書房
山口豊一・樽木靖夫・家近早苗・石隈利紀（2012）「中学校におけるマネジメント委員会の機能がチーム援助体制及びチーム援助行動に与える影響―主任層に視点をあてて」『日本学校心理士会年報』4、103-112頁
八並光俊・石隈利紀編著（2023）『Ｑ＆Ａ 新生徒指導提要で読み解く これからの児童生徒の発達支持』ぎょうせい

第3章

生徒指導を支える学校心理学モデル

中井大介・相樂直子・飯田順子・石津憲一郎

1．学校心理学に基づく4領域の心理教育的援助サービス

　学校心理学の心理教育的援助サービスでは、一人一人の子どもの「学習面」「心理・社会面」「進路・キャリア面」「健康面」の4領域に焦点を当てます。『生徒指導提要』でも、生徒指導において発達を支えるとは、児童生徒の「心理面」（自信・自己肯定感等）の発達に加え、「学習面」（興味・関心・学習意欲等）、「社会面」（人間関係・集団適応等）、「進路面」（進路意識・将来展望等）、「健康面」（生活習慣・メンタルヘルス等）の発達を含む包括的なものとされています。ここでは心理教育的援助サービスの4領域について考えてみます。

⑴　学習面での心理教育的援助サービス
1）「学習面」での援助サービス
　4領域の中で、学校心理学の大きな特徴は、子どもの学習面の援助サービスに重きを置く点です（石隈、1999）。

　子どもが過ごす学校生活の大部分の時間は学習にかかわっています。ですから、学習面での失敗経験の積み重ねは、子どもの自己評価の低さに影響を与えます。また、学校での学習は教師や友人とともに学ぶ社会的経験でもあるため、子どもの学習面での取組状況は、当然、心理・社会面、進路・キャリア面、健康面の問題とも関係します。実際、子どもには「やる気が起きない」（小学生39.8％、中学生55.5％）といった学習面の悩みが少なからず見られるため（ベネッセ教育総合研究所、2014）、援助ニーズの程度や種類にかかわらず、学習面の心理教育的援助サービスは欠かせません。

2）「学習面」のアセスメント
　子どもの援助ニーズの中核に学習面の課題があることも少なくあ

りません（石隈、1999）。一方で、アセスメントによって子どもの学習面での「強み」を見つけることもできます。

　子どもの学習面のアセスメントは、認知面、情緒面、行動面から次のような情報を得ます。

①**認知面**：学習についての考え方、学習スタイル（特に認知スタイル）、学習と将来の目標設定の関係（勉強が将来どう役に立つと考えているか）など

②**情緒面**：見たい・知りたい意欲、学習して認められたい意欲、教師への感情、学校や学級への感情、達成感や自己効力感など

③**行動面**：学習の習慣、学習スキル（ノートの取り方、記憶の方法、発言の仕方、テストの準備の仕方）など

　これらは、近年着目されている「自己調整学習」にもかかわるものです。また、『生徒指導提要』にもあるように、発達障害など学習面に困難のある児童生徒への対応は、子どもの自尊感情に配慮しつつ、「強み」を活かした学習方法に変え、合理的配慮を用い、実力を発揮し、伸ばし、評価される個別支援が求められます。

⑵　心理・社会面での心理教育的援助サービス

1)　「心理・社会面」での援助サービス

　心理・社会面での援助サービスは、いうまでもなく心理教育的援助サービスにおいて重要な領域になります。『生徒指導提要』でも生徒指導において心理面、社会面の発達を支えることの重要性が指摘されています。

　心理面では、①自分の認知・情緒・行動を理解する、②自分に対する効力感（自信）を獲得し、向上させる、③ストレスに対処する、④ストレス対処法を獲得する、⑤情緒的な苦悩を軽減する、といった点を援助します。

社会面（他者との付き合い）では、①友人・教師・家族との人間関係の状況を理解する、②学級集団や友人のグループに適応する、③対人関係の問題を解決する、④対人関係スキルを獲得する、といった点が援助サービスの対象になります（石隈、1999）。

子どもの心理・社会面の課題は、学習面、進路・キャリア面、健康面とも密接な関係があります。学校心理学では、子どもの心理・社会面の問題状況について、①エリクソンの心理社会的発達段階や問題状況に応じて援助すること、②学級担任、養護教諭、保護者、スクールカウンセラー（ＳＣ）などが援助チームで連携して援助することを強調しています（石隈、1999）。

2）「心理・社会面」のアセスメント

心理・社会面での課題は、援助ニーズの中核となることが多い領域です。『生徒指導提要』でもＢＰＳモデル（Bio-Psycho-Social Model）によって、児童生徒の課題を生物学的要因・心理学的要因・社会的要因の３つの観点から検討することを提唱しています。

子どもの心理面とは認知・情緒・行動であり、子どもの「自分とのかかわり」の側面になります（石隈、1999）。アセスメントでは、子どもの内的世界の理解を目指して、子どもの考え方（ビリーフ）の特徴、情緒面の状況、行動面での特徴や問題などの情報を集め、検討します。

子どもの社会面は、友人、教師、家族との関係であり、子どもの「他者とのかかわり」の側面になります。アセスメントでは、子どもの人間関係における特徴や問題などの情報を集め、検討します。子どもの学級や部活動での集団への適応も重要な側面になります。そして、子どもの「強み」や「援助資源」にも着目し、人とかかわるスキルと、かかわり行動を促進・抑制する情緒面の特徴が、子どもの社会面のアセスメントの１つの鍵となります（石隈、1999）。

⑶ 進路・キャリア面での心理教育的援助サービス

1) 「進路・キャリア面」での援助サービス

　子どもは学習面、心理・社会面、進路・キャリア面、健康面を含むトータルな存在であり、悩みも1つの複合体です。1つの面での援助が他の面にも影響するため、進路・キャリア面での援助サービスも重要です。石隈（1999）は、進路・キャリア面での援助サービスを「進学先や就職先の決定そのものではなく、この決定の基盤になる、生き方、生きる方向の選択の援助である」と定義しています。小学校・中学校の学習指導要領の総則においても、キャリア教育は「児童（生徒）が、学ぶことと自己の将来とのつながりを見通しながら、社会的・職業的自立に向けて必要な基盤となる資質・能力を身に付けていくことができるよう、特別活動を要としつつ各教科等の特質に応じて、キャリア教育の充実を図ること」とされています。

　進路・キャリア面では、①自分の進路適性を理解する、②自分の進路について検討するスキル（情報収集）を身につける、③自分の進路決定における迷いや不安に対処する、④自分の進路決定における家族や教師の意見に対処する、⑤自分の夢と現実（自分の適性、職場状況）のズレに対処する、というような点を援助します。

2) 「進路・キャリア面」のアセスメント

　進路・キャリア面のアセスメントにおいては、子どもの好きなこと・モノ、憧れているもの、趣味などの興味・関心、大切にしていることやこだわっていることなどの価値観、得意なことなどについての情報を集め、検討します。

　中学生や高校生においては、「ありたい自分」など、自分についての態度、将来の職業についての希望や、将来設計、意思決定する能力などの情報も重要です（石隈、1999）。これらの点は「今後の学校におけるキャリア教育・職業教育の在り方について（答申）」（中央

図３－１　援助チームシート

【石隈・田村式 援助チームシート 5領域版】

実施日　：年　月　日（　）時　分～　時　分第　回
次回予定：年　月　日（　）時　分～　時　分第　回
出席者名

苦戦していること（　　　　　　　　　　　　　　　　）

児童生徒氏名 年 組 番 担任氏名		知的能力・学習面 （知能・学力） （学習状況） （学習スタイル） など	言語面，運動面 （ことばの理解や表現） （上下肢の運動） など	心理・社会面 （情緒面） （人間関係） （ストレス対処スタイル） など	健康面 （健康状況） （視覚・聴覚の問題） など	生活面・進路面 （身辺自立） （得意なことや趣味） （将来の夢や計画） など
情報のまとめ	（A） いいところ 子どもの自助資源					
	（B） 気になるところ 援助が必要なところ					
	（C） してみたこと 今まで行った、あるいは、今行っている援助とその結果					
援助方	（D） この時点での目					

石隈・田村（2018）

教育審議会、2011年）において、キャリア教育で育成すべき力として示された「基礎的・汎用的能力」とも関連します。基礎的・汎用的能力とは、①人間関係形成・社会形成能力、②自己理解・自己管理能力、③課題対応能力、④キャリアプランニング能力の４つの能力です。学校心理学の枠組みでは、①と②は心理・社会面、③は学習面、④は進路・キャリア面に関連していると考えられるため（今西、2013）、図３－１の援助チームシートなども活用し、４つの援助領域を含んだアセスメントを行う必要があります。　**（中井大介）**

⑷ 健康面での心理教育的援助サービス

３段階の心理教育的援助サービスの枠組み（石隈、1999）から、健康面の取組を整理します。

１次的援助サービスには、学校で行われる保健教育があります。保健教育は、子どもたちが生涯を通じて心身の健康を保持増進するための資質・能力を育成することを目指して、体育科・保健体育科

や特別活動等を中心に、学校教育活動全体を通じて行われるものです。例えば、高校の保健体育科「科目保健」では、「現代社会と健康」において「精神疾患の予防と回復」「精神疾患への対処」を学ぶことが位置づけられています。「エイズ・性感染症」「喫煙・飲酒・薬物乱用」「インターネットの問題」等の現代的健康課題については、外部の専門家を活用した指導も行われます。

2次的援助サービスには、健康観察や質問紙調査によるスクリーニングにより、困難を抱えている子ども、あるいは今後困難を抱える可能性が高い子どもをピックアップし、支援する取組があります。例えば、健康診断の一環として行われる保健調査では、子どもの持病や発達特性、心身の状態などを把握し、学校における配慮事項を関係職員で確認し合います。

3次的援助サービスには、健康面に課題のある子どもを対象としたチーム支援があります。例えば、心身の不調等から不登校になった子どものケースでは、担任・養護教諭・ＳＣなどが密に連携を図り即時的に対応したり（『生徒指導提要』で示されている「機動的連携型支援チーム」）、校内委員会等で支援の方針を検討したりします（「校内連携型支援チーム」）。また、長期療養を必要とする子どものケースでは、子どもや保護者に了解を得て、学校医や主治医等と連携を図って対応する（「ネットワーク型支援チーム」）など、状況に応じたチームを形成して支援をすることがポイントです。

（相樂直子）

2．子どもの発達課題・教育課題

　学校心理学の重要概念の１つに、「発達課題」と「教育課題」があります。それぞれについて見てみます。

⑴ 子どもの発達課題

　発達課題は、健全な発達をするために個人が乳幼児期から老年期まで、それぞれの時期に達成することが求められる課題であり、子どもが成長する個人として出会う課題です。発達課題の代表的な理論を２つ紹介します。

　まず、エリクソンは、人の発達段階を８段階に整理し、各段階の中心的な発達課題を以下のように示しています（エリクソン、2011）。

　乳児期前後（０〜１歳）：信頼 vs. 不信

　乳児期後期（１〜３歳）：自律性 vs. 恥・疑惑

　幼児期（３〜６歳）：積極的 vs. 罪悪感

　児童期（６〜12歳）：勤勉性 vs. 劣等感

　青年期：同一性（アイデンティティの獲得）vs. 同一性の拡散

　成人期初期：親密性 vs. 孤立

　壮年期：生殖性 vs. 沈滞

　老年期：統合性 vs. 絶望

エリクソンの提唱する発達課題は、前段階の課題が未解決の場合、次の課題への取組にも影響するとされているため、学齢期になる前の課題が未解決の場合、児童期の課題や青年期の課題への取組にも影響すると考えられます。

　もう１つの理論は、ハヴィガーストの発達課題です。これは、乳幼児期、児童期、青年期、壮年期（成人初期）、中年期（成人中期）、老年期の６段階に分かれており、各段階でより具体的な課題が挙げられていることが特徴です。発達課題は「身体的成熟」「社会からの要求や圧力」「個人が達成しようとする目標や努力」の３つの要因から規定されるため、時代や社会によって異なります。児童期の課題には、「読み、書き、計算の基礎的技能の発達」「親と自己を区別し、独立した個人となる」「良心、道徳性、価値の尺度の発達」「社会集

団や制度に関する態度の発達」などが挙げられています。青年期は、「自己の身体構造を理解し、身体を有効に使うこと」「親や他の大人から情緒的独立を果たすこと」「経済的独立に関する自信の確立」「市民として必要な技能と概念の発達」などが挙げられています（ハヴィガースト、1997）。

(2) 子どもの教育課題

　教育課題は、子どもが日本の学校に通う児童生徒として出会う課題であり、教育課程で定められている課題でもあります。教育課題は子どもの発達に応じて計画され実施されるべきものであり、呼応することが望ましいものです。ただし、今、教育は学校だけでなく多様な場で行われるものとなってきています。子どもはさまざまな場所で、学習面、心理・社会面、進路・キャリア面の教育課題に取り組んでいることになります。

　学習面の課題には、学習内容に興味・関心をもつ、学習習慣を形成し維持する、集団での学習生活に適応する、自分の目標達成（定期考査、受験など）に向けて計画的に取り組むなどがあります。心理・社会面の課題には、友達をつくり維持する、集団の学習や活動に適応する、自分の感情に気づき適切に表現する、ストレスに気づき適切に対処するなどです。進路・キャリア面の課題には、自分の得意なものや楽しめるものを見つける、生活の中で多様な役割を体験する、次の学校段階の進路について決定するなどです。

　小学生、中学生、高校生では、同じ課題でも異なるレベルが求められるものもあれば、課題が異なるものもあります。また、小学校から中学校、中学校から高校など、新しい環境に移行していく過程も、子どもにとって教育上の課題となります。

⑶ 『生徒指導提要』と発達課題・教育課題

　『生徒指導提要』との関連では、2軸3類4層の重層的支援構造の中に、発達課題・教育課題の観点が反映されています。まず土台となる階層である発達支持的生徒指導は、子どもの発達課題・教育課題の取組を支援する部分になります。子どもが発達課題・教育課題に取り組みやすいよう、自己存在感の感受、共感的な人間関係の育成、自己決定の場の提供、安全・安心な風土の醸成に取り組みます。そして、多くの児童生徒に共通する課題を未然に防ぐための予防的活動を行うことと、発達課題・教育課題への取組に苦戦している児童生徒に気づき、追加的な支援を検討し、状況に応じて実施することが、課題予防的生徒指導になります。さらに発達課題・教育課題の取組への苦戦が大きい児童生徒への個別的・集中的な支援が、困難課題対応的生徒指導になります。

　発達課題や教育課題において子どもが苦戦するのは、子どもがもつ固有の特性や、子どもを取り巻く環境の影響が大きい場合もあります。しかし、発達課題・教育課題はすべての子どもに共通する課題です。子どもにどんな課題が課されており、子どものそれらへの取組状況はどうか、またその取組状況によって子どもがどんな影響を受けているのか、どんな支援があると子どもの課題への取組が促進されるのか、こうした視点で子どもの支援を考えることが重要です。

（飯田順子）

3．子どもと環境の折り合い

⑴　折り合いとは

1）　生態学的発達という視点

　ソビエト連邦生まれのブロンフェンブレンナーによる生態学的発

達理論では、子どもを含めた人間の発達を、家族のように発達に最も影響力がある“マイクロシステム”、学校や行政サービスといった“エクソシステム”、社会文化的なイデオロギーといった“マクロシステム”というような、幾重もの「システム」の中で論じています（ブロンフェンブレンナー、1996）。生態学的発達理論において、子どもはあたかも“マトリョーシカ”のように、重層的に存在するシステムの中心に位置づけられるというイメージです。

　この理論の中で特徴的なのは、子ども（人間）を多様なシステムから影響を受けるだけの存在としてではなく、システムの中に入りながら、システムの在り様を構成し直す存在としていることです。そのため、子どもの発達に応じて、子どもを取り巻く幾重ものシステムも変化する可能性があるのです（私たち大人がつくる環境は子どもにとってのシステムであり、当然、子どもの成長に合わせてそれを変化させていきます。また、若者文化から社会文化的なイデオロギーも影響を受けています）。

2）　折り合う力の醸成

　人の発達や成長が環境から影響を受けつつ、同時に環境に働きかけるというのは、具体的にどのようなことでしょうか。例えば、休み時間に遊びたいと思っている児童Aが、教師に配付物の整理を頼まれたとします。この場合、教師に従えばAにとって葛藤は少なくなります。しかし、環境からの働きかけに対して受け身的に対処するだけでは、「遊びたい」という個人の欲求は満たされなくなってしまいます。一方、大人が常にAの気持ちを先取りし、常に欲求をあらかじめ満たしてあげようとしても、Aは受け身的になるだけで環境と個人との機能的で発展的な相互作用が生じにくくなる可能性があるでしょう。では、Aが、休み時間は友人と遊ぶ約束があるので、配付物の整理は別の時間に行うことを提案し、それを教師に受け入

れてもらえたらどうでしょうか。

　提案によって、相手の欲求と自分の欲求の妥協点を見出すことを「折り合い」といいます。個人と環境との間に葛藤が生じた際、子どもが自ら環境に働きかけようとする機会を提供し、折り合いをつけていく力や自信（効力感）を身につけさせることも重要な生徒指導といえます。この場合、教師からＡへの次回以降の働きかけが変化する可能性もあります（システムの在り方の再構成）。

⑵　行動スタイルと学習スタイル

　子どもが学校生活の中でうまくいかない感覚を抱き、苦戦が続いている状況においては、子どもから環境に働きかける力が過度に弱くなったり強くなったりします。先の例で言えば、「配付物の整理は別の時間に行うことを先生に提案」できればいいのですが、苦戦が続き弱っている子はそうした行為をとることが難しくなるでしょう。常に教師の言うことを優先させ、コントロールされている感覚が強くなれば、折り合う力が醸成されないばかりか、無力感が強くなることもあります。一方、相手の気持ちを無視して自分の意見を一方的に通そうとする場合、周囲が疲弊したり、反感につながりやすかったりします。時間はかかりますが、自分も相手も大切にするための支援を見直し、「折り合える」体験を積み重ねていく必要があります。

　また、学校生活で中心を占める学習をどう進めるかについてのスタイルにも、個人差があることも知られるようになってきました。例えば、本を目で追い、頭の中で音声化しながら、場合によってはメモをとることをほぼ同時に行えることが“当たり前”と思っていないでしょうか。しかし、発達障害等を抱える子どもたちは、年齢相応のこうした作業をするのが難しい場合があります。得られた情報

を一時的に蓄えながら作業を継続する「ワーキングメモリー」と呼ばれる力に困難さがある子どもは、黒板の情報を迅速にノートにまとめたり、一度にたくさんの指示を覚えたりすることが困難です。そのため、環境からの要求を適切に処理し、時に自ら環境に働きかけ、生活しやすい状況をつくり出していくことに自信を失いがちです。学習面の困難さも無気力につながりやすく、子どもたちが環境面に働きかける自信を失わないよう、子どもたちの「わかる（わかった）」や「できる（できた）」を応援するためには、教授者と学習者との間に存在する「折り合い」が大切になります。その際、子どもの「わからない」という発言は、折り合うきっかけとして活かす必要があります。「わからない」という不安の背後には多様な援助ニーズがあるからです。

　『生徒指導提要』でもアセスメントを重視していますが、生態学的アセスメントでは、子どもの行動や学習スタイルだけを評価するのではなく、大人側の指導スタイルと子どもの行動（反応）の相互作用を評価します。そして、そのようなアセスメントに基づいた支援の中で、子どもが環境と折り合う体験を支えていくことが重要なのです。
（石津憲一郎）

【学校心理学の視点からの提案】

　ここでは「共通言語」（共通の枠組み）としての学校心理学の活用を提案したいと思います。不登校、いじめ、児童虐待、暴力行為、自殺の増加傾向、また発達障害や経済的貧困など多様な背景をもつ子どもへの援助、加えて、昨今の自然災害に伴う援助など、これまで以上にさまざまな援助ニーズを抱える児童生徒が増えています。それに対応するための生徒指導にも常に

変化が求められ続ける中、教師個人の能力や経験則のみに頼る生徒指導ですべての子どもの援助ニーズに対応するのは容易ではありません。教師個人の能力や経験則のみに頼る援助サービスではサービスの質にムラが出る可能性があります。そこで「共通言語」が大事になります。

　学校内や学校外の援助者がそれぞれ異なる言語で話をしていると、スムーズな援助につながりません。お互いに意思疎通ができる「共通言語」の使用により、スムーズに情報のやりとりができます。その意味で、『生徒指導提要』には学校心理学がこれまで提唱してきた「共通言語」が反映されています。例えば、「援助チーム」の理論は「チーム学校」の理論に、「3段階の心理教育的援助サービス」は「2軸3類4層の重層的生徒指導」に、といった形です。生徒指導における援助サービスの「共通言語」の1つとして、子どもを援助する知見を総合的に論じ、援助サービスの向上を目指す学校心理学の理論の活用を提案します。

（中井大介）

〈参考・引用文献〉
ベネッセ教育総合研究所（2014）「小中学生の学びに関する実態調査 報告書〔2014〕」
ブロンフェンブレンナー、U.（1996）『人間発達の生態学──発達心理学への挑戦』磯貝芳郎・福富護訳、川島書店
エリクソン、E. H.（2011）『アイデンティティとライフサイクル』西平直・中島由恵訳、誠信書房
ハヴィガースト、R. J.（1997）『ハヴィガーストの発達課題と教育──生涯発達と人間形成』児玉憲典・飯塚裕子訳、川島書店
今西一仁（2013）「進路面での援助①キャリア教育の考え方」水野治久・石隈利紀・田村節子・田村修一・飯田順子編著『よくわかる学校心理学』ミネルヴァ書房
石隈利紀（1999）『学校心理学──教師・スクールカウンセラー・保護者のチームによる心理教育的援助サービス』誠信書房
石隈利紀・田村節子（2018）『石隈・田村式援助シートによる 新版 チーム援助入門──学校心理学・実践編』図書文化社

第4章

心理教育的援助サービスの方法

水野治久・石川満佐育

1．子どもへの心理教育的援助サービスの３つのレベル

　子どもの学校生活における困りや悩みの程度は異なり、援助ニーズの程度も異なります。学校心理学では、子どもの問題状況や援助ニーズの度合いによってどのような援助を行うのかを「１次的援助サービス」「２次的援助サービス」「３次的援助サービス」からなる「３段階の心理教育的援助サービス」のモデルとして整理しています（水野・家近・石隈編、2018）。すべての子どもの援助ニーズに応じながら、援助ニーズの大きい子どもにはさらなる援助サービスを付加する（積み重ねる）というモデルです（石隈・家近、2021）。

⑴　１次的援助サービス

　１次的援助サービスは発達促進的な援助サービスで、学校あるいは学級の「すべての子ども」が対象となります。１次的援助サービスは、対象となる母集団（例えば、学校、学年、学級）のすべての子どもがもつと思われる基礎的な援助ニーズや多くの子どもが共通にもつと考えられるニーズに応じることを目指します。

　１次的援助サービスには、促進的援助と予防的援助があります。

　促進的援助は、発達上の課題や教育上の課題に取り組む上で必要とする基礎的な能力（学習能力、対人関係能力など）の開発を援助するサービスです。例えば、安全・安心な学校・学級づくり、わかりやすい授業や学習意欲を高める授業づくり、対人関係能力を高める取組などが挙げられます。対人関係能力を高める取組として、構成的グループエンカウンター、ソーシャルスキル・トレーニング（ＳＳＴ）など心理教育をもとにした予防プログラムが普及しています。近年では、社会性と情動の学習（Social and Emotional Learning：

SEL）が注目されています（小泉、2015）。

　予防的援助は、多くの子どもが共通してもつ課題に対して、事前に準備的な援助を行うことです。例えば、入学時の適応を促すためにオリエンテーションを実施することなどが挙げられます。また、いじめ防止教育、非行防止教育、薬物乱用防止教育、自殺予防教育、情報モラル教育などの予防教育を行うことも1次的援助サービスとなります。

⑵　2次的援助サービス

　2次的援助サービスは、配慮を要する「一部の子ども」の援助ニーズに応じることを目指す援助サービスです。初期の段階で発見・対応し、その問題状況が大きくなって子どもが苦戦するのを予防することを目指します。2次的援助サービスの対象は、①学校生活（学習面、心理・社会面、進路・キャリア面、健康面）における課題のつまずき、あるいは学校生活の乱れ（遅刻、早退、欠席など）が見え始めた子ども、②生活の変化（例えば、転校、入国、帰国）、家庭環境の変化（両親の離婚・再婚、弟妹の誕生など）のために、学校生活で苦戦するリスクが高い子ども、となります。

　2次的援助サービスでは、苦戦している、あるいは苦戦する可能性のある子どもを早期に発見し、問題状況のアセスメントを行いながら、タイムリーな援助を行うこと（＝早期対応）が求められます。問題状況の把握には、日頃の援助者の丁寧な行動観察に加え、アンケート等を活用して行います。早期発見対応のためには、教職員間で情報共有するなど、チームで対応することも必要となります。

⑶　3次的援助サービス

　3次的援助サービスとは、不登校、いじめ、非行、虐待、障害な

どの問題状況によって特別な援助ニーズをもつ「特定の子ども」への援助サービスです。子どもにかかわる援助者（学級担任、保護者、養護教諭、コーディネーターなど）による個別の援助チームを編成し、チームで問題解決に向けた援助を行います。

　援助チームでは、子どもの発達や学校生活に関する丁寧なアセスメントを行い、それに基づいて共通の援助方針を含む「個別の指導計画」や「個別の教育支援計画」を立案し、援助サービスを実施します。3次的援助サービスの対象となる子どもの問題状況の中には、学校だけでは対応できないような深刻な問題を抱えている場合もあります。その場合には、医療機関や児童相談所、教育支援センターなどの関係機関と連携して援助を行います。3次的援助サービスでは、学校、家庭、地域の連携によるチーム援助が重要となります。

2．3段階の心理教育的援助サービスと『生徒指導提要』の4層の重層的支援構造の関係

　『生徒指導提要』で提唱されている4層の重層的支援構造は、心理教育的援助サービスの3段階（1次的・2次的・3次的援助サービス）と対応しているといえます。1次的の援助サービスは「発達支持的生徒指導」と「課題未然防止教育」と、2次的援助サービスは「課題早期発見対応」と、3次的援助サービスは「困難課題対応的生徒指導」と対応しています（図4-1）。

　心理教育的援助サービスでは、2次的・3次的援助サービスにおいてチームによる援助が重要とされていますが、『生徒指導提要』では4層すべてにおいてチーム支援が重視されており、発達支持的生徒指導や課題未然防止教育といったプロアクティブな生徒指導においてもチームを編成して学校全体で取組を進めることが求められて

図4-1　3段階の心理教育的援助サービスと『生徒指導提要』の4層

```
3段階の心理教育的援助サービス        『生徒指導提要』の4層の支援構造

  3次的援助サービス       ←→    困難課題対応的
                                生徒指導

  2次的援助サービス       ←→    課題早期発見対応
                                課題予防的生徒指導

  予防的援助                      課題未然予防教育
  1次的援助サービス       ←→
  発達促進的援助                  発達支持的生徒指導
```

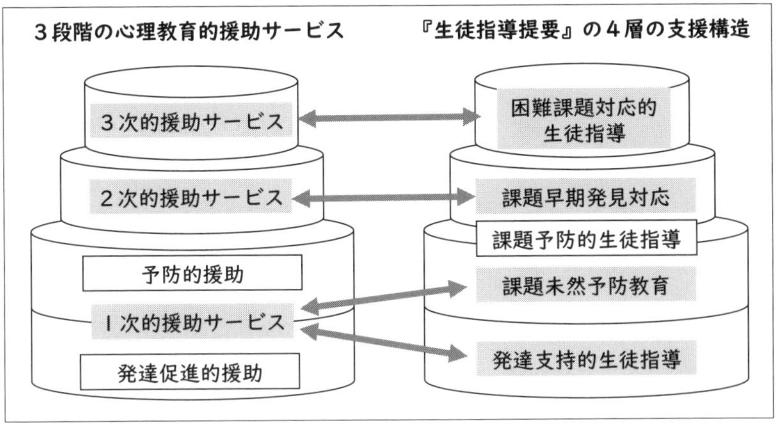

います。

　3段階の心理教育的援助サービスと『生徒指導提要』の4層の重層的支援構造に共通して重要なことは、「すべての子ども」の援助が基盤となり、「一部の子ども」と「特定の子ども」の援助が積み上げられるということです。すなわち、1次的援助サービス（発達支持的生徒指導、課題未然予防教育）がしっかりしていると、2次的援助サービス（課題早期発見対応）・3次的援助サービス（困難課題対応的生徒指導）のニーズは小さくなります（石隈、2021）。したがって、学校教育において、1次的援助サービスの充実が特に重要であるといえます。

　また、2次的援助サービスや3次的援助サービスで効果的だった援助の方法は、1次的援助サービスで循環的に活用することができます。例えば、授業のユニバーサルデザインは、発達障害のある子どもへの学習指導の知見を通常の授業に活用するものです。苦戦している子どもへの2次的援助サービスと3次的援助サービス（1人への援助）が1次的援助サービス（みんなへの援助）を変えることを意味しています（石隈・家近、2021）。　　　　　　　（石川満佐育）

３．３段階の心理教育的援助サービスと４層の重層的支援 の実際

　ここでは、学校心理学の３段階の心理教育的援助サービスの考え 方および『生徒指導提要』の考え方に基づき、学校現場で遭遇しそ うな事例を交えて解説していきます。

⑴　１次的援助サービス：発達支持的生徒指導と課題未然防止教育

　発達支持的生徒指導は、『生徒指導提要』の基本的な考え方です。 それは、児童生徒が自らを発達させていくことを、大人が支援する という考え方です。

　課題未然防止教育は、児童生徒が遭遇することが予想される課題 の未然防止を目的とした教育です。課題を克服するスキルや対処方 法を獲得することで子どもは成長します。

　学校にかかわる教職員やスクールカウンセラー（ＳＣ）、スクール ソーシャルワーカー（ＳＳＷ）は、この学校、学年、学級が、子ど もたちの発達を促す環境にあるのかをアセスメントする必要があり ます。子どもが直面する課題には、学習面、心理・社会面、進路・ キャリア面、健康面があります（石隈・家近、2021）。

　１次的援助サービスは、子どもたちに共通する課題を見つけ、教 育サービスとして提供していくことです。しかしながら、筆者（水 野）は、以下の３つの理由から、１次的援助サービス（発達支持的 生徒指導、課題未然予防教育）を定着させるのは簡単ではないと考 えています。

　１点目は、今の学校現場の多忙化です。さまざまな子どものニー ズに対応することに追われているのが現状ではないでしょうか。子 どもや保護者の対応に追われていると、学校や学年、学級全体のニ

ーズに目が届きにくくなります。

　2点目は、学校現場の先生方は1次的援助サービスの必要性は理解しているけれど、今、取り組む必要性を強く感じていないということです。問題行動が生起する前、問題行動が生起している最中でも、学校全体を理解し、必要な対応を繰り出すべきです。

　3点目は、子どものニーズは、先生方の立場によって見え方が異なるということです。子どもの見え方が異なると、子どもの課題を共有できません。子どもを学級の一員として他の子どもとの比較でとらえる傾向がある担任、生徒指導の対象として子どもを見る生徒指導主事、子どもを1人の存在として見ることが多いSCやSSW、養護教諭、という具合です。筆者は、こうした見方の違いを疑似体験できるワークを開発し、教育現場で実践しています（水野、2022）。子どもの見方の違いを乗り越え、子どもの状況を共有することで、1次的援助サービスへの実践につながります。

　ここでは中学校の事例から考えていきたいと思います。

　【事例】A中学校のB先生は生徒指導担当となってから、中学校1年生の生徒たちの傾向に悩んでいます。

　A中学校には、C小学校、D小学校から進学してきます。C小学校は街の中心部にあり、生徒の家庭環境には共通点が多いです。一方でD小学校は街の中心部から少し離れた小規模校で、生徒たちの背景は多様です。

　1年生は3クラス編成なのですが、1学期後半（7月）になっても、C小学校出身の生徒と、D小学校出身の生徒の関係性が希薄で、学年としてのまとまりに欠けることがB先生は気がかりでした。

1) 事例解説

A中学校1年生は、学校適応に課題を残しているといえます。小学校から中学校への環境移行がスムーズにいっていない可能性を考える必要があるでしょう。

図4-2は、B先生が見たA中学校の1年生の援助ニーズです。B先生は、7月中旬になっても生徒間の人間関係が深まらないことを気にかけていました。これが1次的援助サービスの課題です。しかし、この学年には、学習面で苦戦している生徒がいることや、登校しぶり、また無料通信アプリでのトラブルも見られます。さらに、不登校の生徒がいます。

1次的援助サービス（『生徒指導提要』でいう課題未然防止教育）の観点では、A中学校の1年生の課題は、人間関係がC小学校出身、D小学校出身に閉じていると見立てることができます。しかしこれは教師の観察による見立てです。的確にニーズを理解するためには、例えば、SCに教室の巡回をお願いし、担任と話し合ったり、質問紙（アンケート）による児童生徒理解を行うなどの方法があります。加えて、1学期の遅刻や欠席、中間考査の成績など、中学校がすでに得ている情報を分析するという方法があります。

図4-2　A中学校1年生の援助ニーズ

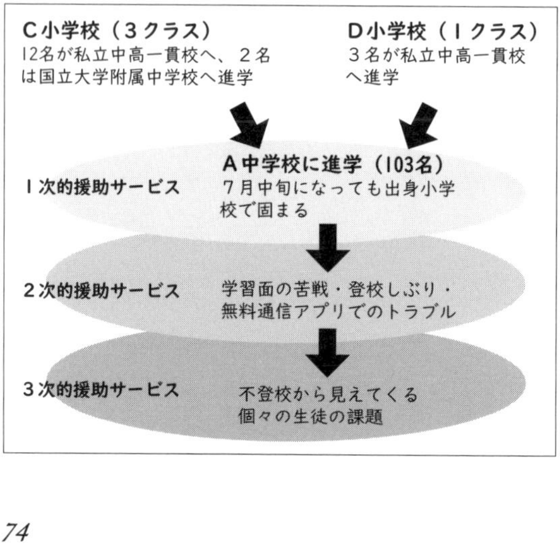

A中学校の1年生のケースではどうでしょうか。4～6月末の欠席を見てみると、欠席率ではやはり1年生が他の学年と比

較して高いことがわかりました。そして、6月くらいから女子生徒の欠席が目立っていました。養護教諭によると、1年生女子の保健室への来室が5月の連休明けから増加してきました。

2) 1次的援助サービスの実践

中学校1年生の生徒の学校適応を促進するために、1次的援助サービスを実践する必要があります。B先生は学年の先生と話し合い、生徒を対象にして無記名の自由記述式のアンケートをとりました。そうしたら20名の生徒から、「友達と仲良くしたい」「クラスを楽しくしたい」「友達といろいろなことを話したい」といった意見が出てきました。

そこで、B先生は学年の先生と相談し、学年集会の機会にソーシャルスキル・トレーニングを計画しました。SCに協力を求め、クラスメートとのコミュニケーションの方法についての教育を実施しました。また、英語の授業や社会科の授業、道徳の授業の中で、人との付き合い方について考えていくことにしました。

3) 他の学校種の1次的援助サービスの例

さて、学校現場における1次的援助サービスのバリエーションにはどのようなものがあるでしょうか。次ページの表4-1に挙げた小学校、中学校、高校の例で考えていきます。

表4-1には、小学校は2年生（❶）と5年生（❷）の2つの例を挙げました。暴力行為、いじめの予防となります。学級の中で、友達を押したり叩いたりすることや暴言が目立つといったことがある場合は、こうしたことを予防するために、ソーシャルスキル・トレーニングやアサーション・トレーニングが効果的です。❸の中学校1年生は、A中学校と同じような事例です。

❹の中学校3年生と❺の高校1年生は、進路面の予防となります。SCから緊張緩和のリラクゼーションの紹介、担任からスタデ

表4-1　学校における1次的援助サービスの実践例

学校種	学年	子どものニーズ	目的	かかわる担当者	実践例	関係する教科
❶小学校	2年生	友達を押したり、叩いたりする児童が多い	暴力行為・いじめの予防	担任、生徒指導	ソーシャルスキル・トレーニング（ふわふわことば、上手な話し方）	道徳、国語
❷小学校	5年生	学級での暴言が目立つ	暴力行為・いじめの予防	担任、生徒指導、SC	アサーション・トレーニング、人間関係づくり	道徳、特別活動
❸中学校	1年生	出身小学校で固まっている	学校不適応の予防	担任、学年主任、生徒指導、SC	構成的グループエンカウンター（パーソナルスペース、良いところ探し）	道徳、社会科
❹中学校	3年生	受験前の不安が高いので、受験ストレッサーへの対処能力の向上	進路	担任、SC	緊張緩和ワーク、スタディスキル	体育
❺高校	1年生	将来への不安を訴える生徒や、将来を悲観し早々に諦める生徒がいる	進路	進路担当、学年主任、担任	卒業生に来校して体験談（進学、就職）を披露してもらい、将来について考える	進路指導、総合的な探求の時間
❻高校	3年生	進学校で勉強も部活も頑張りたいと言う生徒が体調を崩しやすい	不適応の予防	進路担当、養護教諭	グループに分かれてライフスキルの観点から、自分の生活時間を見直す	保健、家庭科

ィスキルについて紹介してもらうことが、予防的な介入となります。❺の高校1年生の場合は、卒業生に来校してもらい、受験や就職活動の体験談を披露してもらう実践を記載しました。

　一方で、❻のように高校3年生の中には生活時間の乱れがニーズとなって現れることがあります。睡眠を含めた健康管理について、養護教諭に健康教育をお願いしてもよいのかもしれません。

⑵　2次的援助サービス：課題早期発見対応

　2次的援助サービスは、『生徒指導提要』でいう課題早期発見対応です。例えば、子どもたちの不適応や問題行動につながりそうな兆候をいち早くとらえ、支援につなげることです。2次的援助サービスの対象については、①学校生活でのさまざまな困りごとに直面している子ども、②生活の変化（転校、入国、帰国）、③家庭環境の変化などが考えられます。

ここで特に大事なことは、学校が得ている情報を活用することです。例えば、出席や遅刻、早退のデータ、テストの得点は重要なデータです。また保健室の来室の頻度もデータの１つです。先ほどのＡ中学校の事例を見てみましょう。

【事例】Ｂ先生は「遅刻」に注目してみました。１学期に12回以上遅刻している生徒は、Ｃ小学校出身の生徒が３名であるのに対して、Ｄ小学校出身の生徒は８名いました。
　分析データは、４月から６月までの57日分です。遅刻12回以上となると、週に１回のペースです。Ｄ小学校出身の８名をよく見ていくと、そのうち６名は小学校時代に不登校を経験した生徒でした。またＣ小学校出身の生徒の１名については、登校しぶりが出ていると保護者が担任に相談しているようです。

1)　事例解説

　事例のＢ先生は、遅刻に注目しています。遅刻する生徒を見ることで、不登校の未然防止につながります。事実、Ｄ小学校出身の遅刻が多い８名のうち６名は小学校時代に不登校を経験した生徒であることが改めて確認できました。またＣ小学校出身の生徒の１名には登校しぶりが出ていました。

　さらに、１学期が終わりそうな７月の時期であり、中間考査と期末考査の結果が出ています。国語、数学、英語の成績を見ると、成績が低下している生徒がいることがわかりました。小学校と比較すると成績のばらつきが出てきていました。

　一方で、Ｃ小学校出身とＤ小学校出身の生徒の人間関係の課題は、女子グループの無料通信アプリでのトラブルという形で明らかになりました。人間関係のトラブルが通信アプリのトラブルに発展

していることがわかりました。

A中学校の2次的援助サービスの課題早期発見対応的な介入は、①遅刻の生徒を対象としたニーズの把握と不登校の予防、②中学校入学後、学習面で苦戦している生徒の支援、③無料通信アプリでの人間関係のトラブルの対応となります。

2) 遅刻についての2次的援助サービスの実践例

まずは、遅刻の対策です。遅刻した生徒については、担任からの丁寧な声かけをしました。特に週の頭に遅刻した生徒については、昼休みに担任が声をかけていきました。その際、1年生の学年の教員は、SCとどのように声かけをしたらよいのかについて相談しました。その結果、遅刻という行動については注意しても、遅刻の背景にあることや、当該の生徒が「できていること」「うまくいっていること」にも注目するようにしました。

ある男子生徒は、きょうだいが多く、弟をこども園に送る日に遅刻していることがわかりました。別な男子生徒は、遅刻しながらも、教室の掃除は黙々と取り組んでいました。また、ある女子生徒は、"推し活"で韓国の歌手の動画ばかりを観ていると告白してくれました。その動画のことについてうれしそうに教えてくれたので、タブレット端末とどう付き合うのかについて話し合いました。

遅刻という行動の裏に、生徒のさまざまな生活が見えてきました。このことは、保護者との連携でも役立ちました。

3) 学習面の苦戦している生徒への2次的援助サービスの実践例

学習面での苦戦については、定期考査、小テストの分析から、数学や英語の成績が気になりました。しかし、数学や英語の小テストを詳しく見ると、学習面で苦戦している生徒は、テストの問題の意味を的確にとらえる力、つまり読む力が不足していることがわかりました。このことは、この学年の生徒が受けた昨年度の学力状況調

査の結果を見ても明らかでした。国語の力が十分に育っていなかったのです。しかし、読解力を上げるのはそう簡単ではありません。まずは、朝の時間帯に、10分で読み終えられるプリントを配付し、文章を読むことに馴染んでもらうことにしました。

4) 無料通信アプリとの付き合い方についての２次的援助サービスの実践例

　無料通信アプリとの付き合い方については、学年で取り組んでいくことにしました。無料通信アプリの業者のホームページでは、地元の大学と協力し、学校への訪問教育を行っていることが明らかになりました。１年生の学年の教員がこれに申し込みました。来校は９月ですが、それまで教員が日常の生活場面で注意喚起をしていくことになりました。

⑶　３次的援助サービス：困難課題対応的生徒指導

　さて、３次的援助サービスは、『生徒指導提要』の概念でいうと困難課題対応的生徒指導です。先ほどのＡ中学校の事例の続きを見てみましょう。

　【事例】Ａ中学校の１年生では４名の生徒が不登校です。４名のうち３名は、校内の適応指導教室に週に２回ほど登校できているようです。

　４名の不登校の生徒を支援することは、生徒指導の範疇です。

　不登校は、必ずしも解決すべき課題としてとらえる必要はないのかもしれません。学びの多様性を尊重していく時代になりつつあります。むしろ児童生徒のニーズを踏まえて学びを保障し、支援を展開していくことが大事です（文部科学省、2023）。しかしながら、不登校の背景には、学習の苦戦や、対人関係におけるつまずき、その中

にはいじめの被害もあるかもしれません。また背後に児童虐待や、自傷行為などがある可能性があります。A中学校では、ＳＣ、養護教諭、また小学校と連携しながら、不登校の生徒４名について詳細に検討しました。

　不登校生徒４名のうち、２名のきょうだいが小学校に在籍していました。生徒のきょうだいについても、休みがちになっていることが明らかになりました。２名ともにＤ小学校出身です。Ｄ小学校には、今年からＳＳＷが配置されています。Ｂ先生は、この４名をどう支援するか、また２名については、援助チーム（本書第６章参照）を立ち上げ、校内に位置づけました。それぞれの生徒について個別の教育支援計画を作成しました。

　加えて、A中学校の１年生では、単発の生徒指導事象としてさまざまな事象が起きています。生徒指導担当のＢ先生は、常に全体の生徒のニーズを考えながら、支援を展開していきました。

＊

　この章では、『生徒指導提要』の考え方をもとに、心理教育的援助サービスの方法について解説しました。今回は中学校を例に説明をしました。小学校や高校、または他の校園種、例えば支援学校、幼稚園・こども園の場合も、学校園全体のニーズを把握することは、すべての校種で行われるべきです。そして、それを確実に援助サービスにつなげることが大事です。

　『生徒指導提要』に基づく３段階の心理教育的援助サービスをどのように提供していくのかについて、子どもたちのニーズを把握しながら、どのように生徒指導をデザインするのか、生徒指導にかかわる担当者の工夫のしどころかと思います。　　　　　　　　（水野治久）

【学校心理学の視点からの提案】

　学校現場において、『生徒指導提要』の予防や発達支持の考え方をどのように位置づけていくのかが大きな課題であると思います。

　現在の学校は、不登校やいじめなどの生徒指導上の課題だけでなく、教員の多忙化や教員不足など、教育を支えるシステムについてもさまざまな課題が認められます。『生徒指導提要』の考え方は、生徒指導のみにとどまらず、子どもに対するかかわり方、授業や行事のあり方など、学校教育を根本的にとらえ直すものだと筆者は考えています。学校は、さまざまな背景をもつ子どもがいて、それぞれの背景を応援する教師やスクールカウンセラー、スクールソーシャルワーカーのもとで子どもを支援していく場です。「１次的援助サービス」「２次的援助サービス」「３次的援助サービス」という３段階の心理教育的援助サービスをデザインすることで、子どもの理解、支援者の連携、そして学校教育そのものをデザインすることになると思います。子どもを応援する学校づくりにあなたも参加しませんか。

　学校心理学を勉強することで、こうした知見を深め、また、実践を整理し、発表していくことができるようになります。ぜひ、実践家の皆さんと交流しながら、知見を蓄積したいと考えています。

（水野治久）

〈参考・引用文献〉
石隈利紀（1999）『学校心理学─教師・スクールカウンセラー・保護者のチームによる心理教育的援助サービス』誠信書房
石隈利紀（2021）「教育・学校心理学へのいざない」太田信夫監修／石隈利紀・小野瀬

雅人編『教育・学校心理学』北大路書房、1 -25頁

石隈利紀・家近早苗（2021）『スクールカウンセリングのこれから』創元社

小泉令三（2015）「一次的援助サービスとしての社会性と情動の学習（ソーシャル・エ
　モーショナル・ラーニング）」『日本学校心理士会年報』7、25-35頁

水野治久・家近早苗・石隈利紀編（2018）『チーム学校での効果的な援助―学校心理学
　の最前線』ナカニシヤ出版

水野治久（2022）『子どもを支える「チーム学校」ケースブック』金子書房

文部科学省（2023）「誰一人取り残されない学びの保障に向けた不登校対策（ＣＯＣＯ
　ＬＯプラン）」

第5章

授業における生徒指導

山口豊一・小野瀬雅人・西山久子・小泉令三

1．子どもの自己実現の力＝学ぶ力

　生徒指導は、「児童生徒一人一人の個性の発見とよさや可能性の伸長と社会的資質・能力の発達を支えると同時に、自己の幸福追求と社会に受け入れられる自己実現を支えること」（『生徒指導提要』）を目的としています。子どもの自己実現を可能にする１つの資質が、学ぶ力であるといえます。

　つまり、子どもの学習意欲の向上や学習習慣の獲得の援助が、生徒指導の重要な課題となります。学校心理学では、子どもの悩みの中心である学習面における課題への取組の援助を、授業におけるサポートを通して行うよう強調しています（山口・石隈編、2020）。

2．子どもが求める４種類のサポートを活かした授業

　学校心理学では、子どもへの直接的なかかわりとして、Being-In（理解者として）、Being-For（味方として）、Being-With（人間として）の３つのかかわりモデルが提供されています（石隈、1999）。

　授業における人間関係づくりや学習意欲向上のためには、Being-Forにおける４種類のサポート、つまり①情緒的サポート、②情報的サポート、③評価的サポート、④道具的サポートの視点が有効であると思われます（House, 1981；石隈、1999；山口、2001）。この４種類のサポートは、教師が子どもに「何を」提供するかという教師の行動による分類です。以下に、４種類のサポートについて説明します（茨城県教育研修センター教育相談課編、2000）。

①**情緒的サポート**：情緒的サポートとは、子どもを安心させ勇気づける情緒的働きかけを提供することです。例えば、「教師が共感的に情緒的な声かけをする」「子どもの発言や発表を傾聴する」「一

人一人の活動を認める」などがあります。情緒的なサポートを心がけて授業を行っていけば、学習活動に取り組む子どもの姿勢が意欲的・積極的になると期待できます。

②**情報的サポート**：情報的サポートとは、子どもの学習場面などで、子どもが必要とする情報を提供することです。子どもの知りたい情報を的確に把握し、必要に応じて提供することが学習意欲を高めると考えられます。教師は、何度も同じつまずきを繰り返している子ども、学習が不十分な子ども、助言を求めてくる子どもに対して、必要とする情報を提供することが大切です。例えば、「授業で指名して答えられないとき、ヒントを出す」「学習の仕方を教える」「繰り返し説明する」などは情報的サポートにあたります。

③**評価的サポート**：評価的サポートとは、学習者の学習という行動について、教師からフィードバックすることです。その行動のどこが優れているのか、どこに違いがあるのかなどについて、教師が子どもに知らせることによって、子どもはそれを手がかりとして自分自身で行動を修正したり、発展させたりできるようになることが期待されるサポートです。

　この評価的サポートの留意点は、教師の評価の対象は子どもの行動であり、子ども自身（人格）ではないということです。評価的サポートとして授業でよく使われているのは、「あなたの発表はわかりやすい」「すばらしい考え方だね」などですが、「あなたはよい子だ」「あなたは立派だ」などは人格の評価であり、避けるべきです。

④**道具的サポート**：道具的サポートとは、子どもに対する具体的・実際的な支援を提供することです。例えば、それぞれの活動場面において、子どもが学習の道具として使える観察カード、ヒントカード、検討カード、見通しカードなどを提供します。また、学習形態、座席、環境調整なども道具的サポートに含まれます。道

具的サポートをすることにより、子どもは自分で学習しやすくなります。

　茨城県教育研修センターは、４種類のサポートの観点から、児童生徒がどのようなサポートを求めているかについての調査を行いました（茨城県教育研修センター教育相談課、2000）。児童生徒の授業に関する自由記述の分析結果によれば、児童生徒が「いいなと思った授業」で最も多く支持しているのは、中学校・高校では「楽しい雰囲気づくりをしてくれる」「生徒の意見を真剣／丁寧に聞いてくれる」など「優しさ」や「親切」、「笑いやおもしろさ」をもったかかわり等の情緒的サポートでした。小学校では「グループ学習」「いろいろな実験や作業」などの道具的サポートでした。一方で、「いやだな」と最も多くの子どもが拒否しているのは、中学校・高校では「いつも同じ授業方法」「生徒を無視した、一方的な授業」、小学校では「授業を進めるのが早い」「黒板の字が読み取れない」などのネガティブな道具的サポートでした。これらの結果から、教師には、情緒面での積極的なかかわりや具体的な授業の工夫が求められていることが示唆されています。

　また、小学校・中学校・高校いずれにおいても、評価的サポートを望んでいる児童生徒はきわめて少ないこともわかりました。これは、実際に教師の評価的サポートが少ないことと、効果を上げていないことを意味していると思われます。ただし、肯定的な評価は、児童生徒の意欲を喚起します。教師は、児童生徒の学習活動に対して肯定的なフィードバックとしての評価的サポート（例えば小学校では「シールやハンコなどの活用」「朱ペンでの一言」など、中学校・高校では「スモールステップの目標設定とその評価」「ノートの点検・コメント」など）を工夫し、有効にさせて、学習意欲を喚起することがさらに望まれます。　　　　　　　　　　　（山口豊一）

3．一人一人のニーズに応じた授業（個別最適化）

⑴　生徒指導の中核としての授業

　学校は、学校教育の目的や目標を達成するため、教育の内容を児童生徒の心身の発達に応じ、授業時数との関連において総合的に組織した学校の教育計画である教育課程に基づいて「授業」を行います。『生徒指導提要』によると、「教育課程の編成や実施に当たっては、学習指導と生徒指導を分けて考えるのではなく、相互に関連付けながら」両者の充実を図ることが大切です。

　そのためには、「児童生徒の発達の支援」が必要です。学校心理学ではこれを「心理教育的援助サービス」と呼び、学習、心理・社会、進路・キャリア、健康の４つの面に焦点を当てて援助します。

　『生徒指導提要』においても、児童生徒の発達の支援を進めるには、児童生徒の「心理面（自信・自己肯定感等）」だけでなく「学習面（興味・関心・学習意欲等）」「社会面（人間関係・集団適応等）」「進路面（進路意識・将来展望等）」「健康面（生活習慣・メンタルヘルス等）」を挙げています。

　学習指導（授業）では、学習面の活動が中核となります。その際、教師は、児童生徒一人一人の能力（知識・理解、技能等）だけでなく、適性（年齢、身体的条件、興味・関心、性格等）が異なることを十分理解し、それに応じた指導方法の工夫改善により、個に応じた指導の充実を図る必要があります。このことが「発達の支援」につながる「個別最適化」です。

　この考え方は、適性処遇交互作用（ＡＴＩ：Aptitude Treatment Interaction）と呼ばれ、児童生徒への処遇（教師による指導など）の効果は、児童生徒一人一人の適性（年齢、能力、性格、過去の学習経験など）によって異なることを示すものです。アメリカの心理学者、

表5-1　ＡＴＩの３つのモデル

モデル	教授の機能	教授法の特徴	活用される適性の測度	予想されること
治療モデル	学習には必要だが欠けている下位目標を教授によって習得させる。	習得に要する時間や治療学習のセッションの数を増やす。	個々の下位課題が習得されているかどうかの測度。	できのいい子どもには治療教育で退屈させる。遅れている子どもは必要な下位目標を習得させるので有効。
補償モデル	教授によって自分では用意できなかった必要な媒介者（概念など）や様式（絵など）等を子どもに与える。または、学習を妨害する特性や状態を弱めてやる。	子どもが自分で用意すべきことを外から与える。または、学習を妨害する特性や状態をやわらげる。	一般能力、情報処理様式、性格など。	能力のある子どもは、自分の力で用意できる媒介者等が与えられるのでかえって干渉する。能力の低い子どもは自分に欠けている媒介者が外から与えられるので有効。
特恵モデル	子どものもっている優れた適性をとりあげ活用する。	教育法を、子どもの優れた適性に合わせる。	一般能力、情報処理様式、動機づけ様式、性格など。	子どもは自分の優れた適性がとりあげられるときもっともよく学習する。

杉原（2009）の中のG・サロモン（1972）の表より

Ｌ・Ｊ・クロンバックにより提唱されました。現在でも児童生徒一人一人（個）に応じた教育、つまり個別最適化の理論的根拠の１つになっています。

　その後、Ｇ・サロモンは、この考え方に基づいて「治療モデル」（学習に必要なもので、児童生徒が未習得の内容を指導する。例：学び直し）、「補償モデル」（学習に必要なもので、児童生徒が自発的にできないことを補う。例：言葉の理解が弱い児童生徒に絵などを補う）、「特恵モデル」（児童生徒一人一人の優れた適性、つまり得意な面〔強み〕を伸ばす指導）を提案しています（表5-1）。

⑵　授業と人間関係

　学習指導（授業）では、教育課程（学修内容）の指導だけでなく、子ども一人一人に対する理解（児童生徒理解）の深化を図った上で、「いじめ」等のない安全・安心な学校・学級風土をつくり、児童生徒一人一人が自己存在感を感じられるようにすることが大切です。

　『生徒指導提要』によると、学習指導（授業）では、教師と児童生徒の信頼関係や児童生徒相互の人間関係づくりを進め、児童生徒の自己選択や自己決定を促す一方、「個別最適な学び」と「協働的な学

び」において、すべての児童生徒のニーズに対応する「発達支持的生徒指導」の考え方を活かすことの重要性を指摘しています。

そのためには、教師による説明中心の「講義法」だけでなく、教師と児童生徒、児童生徒同士の「話し合い」などの「討議法」を、学習指導（授業）に取り入れることが大切です。

講義法では教師から児童生徒への情報の流れ（コミュニケーション）が一方向であるのに対し、討議法では教師と児童生徒、児童生徒同士の情報の流れが双方向であるところに特徴があります。講義法と討議法の効果を調べた研究から、討議法では講義法に比べて記憶（保持）や問題解決能力（高次思考）、学習への態度や意欲の点で優れていることが明らかになっています。

学習指導（授業）における「話し合い」の効果を有効にするためには、教師と児童生徒、児童生徒同士の信頼関係や人間関係づくりが大切です。学校心理学では、信頼関係や人間関係づくりの方法として、ソーシャルスキル・トレーニングを重視し、学校での情緒的な問題や対人関係の問題の予防および対応に利用されています。例えば、問題予防のために授業に導入されるスキル（ターゲットスキル）には、「あいさつ」「自己紹介」「質問の仕方」「話す、聞く」「上手に断る」「優しく頼む」などがあります（渡辺、2016、142頁）。

また、國分康孝によって提唱された構成的グループエンカウンターでは、ソーシャルスキルの習得や授業における「話し合い」を促す多くの実践事例も報告されています。これは、リーダー（学校では教師）の指示による体験活動（エクササイズ）を通して他者との深い相互理解を求め、心の触れ合いによる「出会い体験」を重視するものです。したがって、授業における「人間関係」が重要になる教師と児童生徒、児童生徒同士の「話し合い」では、「児童生徒の発達支援」の一環として、この構成的グループエンカウンターを取り入れることが有効です。

（小野瀬雅人）

4．一人一人のニーズに応じる授業（小・学校）

⑴　丁寧に支援すべき「架け橋期」

　小学校の入学式、多くの児童の心は学ぶ喜びに満ちています。新しい教科書、きれいに削り揃えられた鉛筆、学びの場にいることが楽しみな児童たちの姿が浮かびます。一方で、学びに「苦戦」する児童がいます。学校で最も多くの時間を費やす授業で、どのように一人一人のニーズに応じた授業を行っていったらよいのでしょうか。

　小学校は義務教育の導入期です。生涯の人格形成の基盤をつくる幼児期の5歳児から、各教科等の区別の有無や内容・時間の設定など顕著な違いがある小学校1年生までの2年間は、「架け橋期」（文部科学省、2022）として、丁寧な接続の必要性が示されるなど、移行期は重要であり、学業面も例外ではありません。

⑵　生徒指導の機能を備えた授業

　生徒指導の機能を備えた授業を行っていくことは、小学校だけでなく、中学校・高等学校でも重要なことです。

　『生徒指導提要』で、生徒指導は「児童生徒一人一人の個性の発見とよさや可能性の伸長と社会的資質・能力の発達を支えると同時に、自己の幸福追求と社会に受け入れられる自己実現を支えること」を目的とするとしています。この生徒指導と学習指導とは一体として相互に関連づけ、両者の充実を図ることを目指す必要があるのです。

　授業においても、他の学校場面と同様に、学校が目指す教育目標を中核に設定していきます。教育目標には、児童生徒の実態や地域の状況や期待が反映されますので、それを踏まえた授業づくりに向けた教師間の共通認識が重要です。これには、全体的な視点から方向性を示したり、取組を価値づけたりするなど、校長の適切なリー

ダーシップが必要です。さらに、学年主任などのミドルリーダーが若年層の教師に声をかけて、よい授業実践を共有することも有効です。

　そして、学級担任の立場では、心身ともに安全・安心な学級づくりを目指します。児童生徒一人一人が尊重されていると感じられるような自己存在感や、教師と子どもの信頼関係が醸成されるように努めることが授業実践にも求められます。学級開きにおける仲間づくりの演習や、仲間を尊重し合うピア・サポートの実践は、その一例です。同学年や全校で一斉に実施するとより有効です。

(3) 「得意な学び方」の多様性を意識して授業を再点検

　子どもにも教師にも、一人一人異なる「得意な学び方」があります。例えば、聞く・読む・図や表にする・具体物の操作で理解するなど、さまざまな学び方があり、得意な学び方も多様です。

　特に小学校段階では、教師が自身の学び方（考え方）の傾向や特徴に気づき、片寄りのない多くの学び方を尊重できるよう授業を再点検することが有益です。児童の理解が促進され、達成感が得られ、学びたいという意欲が高まるよう、授業改善をします。

　それが個のニーズに応じた授業となり、児童が学びから取り残されるのを防ぐことに近づきます。これは、子どもが自分の学び方を理解し、主体的に学びに向かう際の手がかりとしても役立ちます。

5．一人一人のニーズに応じる授業（中学校）

(1) 思春期まっただ中の生徒に対して

　小学校高学年の学習内容には、中学校への接続的な内容が含まれますが、中学校での学習内容は一気に豊富になります。そのため、小学校から中学校への移行期は、学習面で大きな障壁と出合う時期

ともなりかねません。加えて、中学生の時期は思春期にあり、周囲の大人に対してクリティカルな視点をもちます。そうした思いを受け止め、生徒が授業で感じた自分の得意なこと・高めたいことを聴き、そのためにどのように行動していくか、定例教育相談などで話し合うことは、一人一人のニーズに応じた授業を行う上で有効です。

⑵ 日本型学校教育の特長を活かした授業

米国では、専任スクールカウンセラーが、すべての生徒のキャリア支援や、進路選択を踏まえた学業面の支援をします（ASCA, 2019）。

一方、教科指導を担う教師が、生徒指導の専門性をもあわせもつ日本型学校教育では、日々の教育活動で、教師が一人一人の生徒の様子を細かくとらえることが可能になります。特に、学級での継続的な様相観察は、生徒理解の糸口になります。週1回の学級活動での生徒同士のかかわりの様子や、朝の会・帰りの会での様相観察も、授業実践の計画を立てる際に活用できます。気になる状況があれば、教科担当として学級に入っている教師と連携することで、課題に早期に気づくことができます。このような日本型学校教育の特長を活かして、一人一人のニーズに応じた授業を行っていきたいものです。

⑶ 学習内容だけでなく学習方略を学ぶ

中学校の教育段階で目指したいのは、生徒自身が、自分なりの学習の促進に効果的な学び方に気づき、それを将来の学習の機会に応用していく力をつけるよう支援することです。そして、中学校卒業までに、自分自身が将来の学びの舵取りをする人になれるよう支援していきたいものです。

そう考えると、定期考査や模擬試験・資格試験などの結果を、点数の合計でとらえるだけでなく、「自分の陥りがちな課題はどこか」「どのような点に気をつければ、次の機会に同様の失敗をしなくてす

むか」について、誤答分析をする時間をとることが大切になります。そうすることで、生徒の将来に活かせる支援になることでしょう。

6. 一人一人のニーズに応じる授業（高等学校）

　義務教育を経た生徒が入学試験により選抜される高等学校では、全日制課程・定時制課程・通信制課程と多様な教育課程と、普通科と専門学科と両者を総合的に修める総合学科などの学科分類の中で、自身のキャリアに関する大きな決断が求められる時期になります。

(1) 困難の背景にある多様な課題を把握し、個に応じた授業を

　教科に対する生徒の学習状況は、一人一人異なります。『生徒指導提要』でも、「学習内容の習熟の程度を把握するだけでなく、興味・関心、学習意欲や授業への参加状況、学習上のつまずきの原因の把握」など、多くの観点からきめ細かく生徒を把握することが必要だとしています。

　生徒が、その教科に対してもっている印象もまた千差万別です。学習の定着に困難がある生徒への対応を考える際、単に「やる気」や「能力」の問題とするのではなく、「困難の背景には多種多様な課題がある」と考える必要があります。そして、その課題を整理する際、学校心理学の枠組みが役立ちます。その困難は、自己肯定感や自信など「心理面」からか、人間関係や集団適応などの「社会面」からか、将来に向けた計画や展望などの「進路・キャリア面」からか、メンタルヘルスや生活習慣などの「健康面」からかなど、困難のもととなる問題をチームで整理し、授業づくりに反映させます。

　高等学校に至るまでに９年間もの学びを積み重ねている生徒たちが、その教科や学習全般に対してもつ印象を短期間で好転させるのは難しいかもしれません。しかし、日常的にかかわる教師だからこ

そ、生徒一人一人に適切に寄り添い、よい変化に気づいたり助言したりすることができるのではないでしょうか。

⑵　生徒指導と学習指導を関連づけながら、両者の充実を図る

　　多くの教科に分かれる高等学校では、非常勤や他学年担当の教師も授業を担当することでしょう。そうした異なる視点から得られる情報をもとに生徒理解を行うことは、各生徒の長所を活用しながら、一人一人のニーズに応じた授業を行うためにも有効です。

　　しかし多忙な学校では、教師間で直接連携するのが困難な場合もあります。そのようなときは、メモや校務支援システムなどを経由したコミュニケーションにより、時機を逃さない情報共有とそれに即応した検討や対応が、「課題予防的生徒指導」における課題の早期発見・早期対応となります。そして、情報共有の適切な実施には、「チーム支援」として生徒指導や教育相談での取組が必要となります。生徒指導と学習指導を相互に関連づけながら、両者の充実を図る視点が求められているのです。　　　　　　　　　　　　　（西山久子）

7．社会性と情動の学習（SEL）を活かした授業

⑴　社会性と情動の学習（SEL）とは

　　社会性と情動の学習（SEL：Social and Emotional Learning）は、「自己の捉え方と他者との関わり方を基盤として、社会性（対人関係）に関するスキル、態度、価値観を身につける学習」（『生徒指導提要』）を意味していて、多数の学習プログラムが該当します。学校では1次的援助サービスとして、『生徒指導提要』でいう「発達支持的生徒指導」あるいは「課題予防的生徒指導（課題未然防止）」を目的に、児童生徒全員を対象に行われることが多くなっています。

　　社会性と情動の学習のプログラムで育成を図る「社会性」は、学校生活への適応や生き方の教育ともいえるキャリア教育の基盤をな

しています。さらに、各学校が必ず教育目標の1つに掲げる学力向上を下支えする役割もあります（図5-1）。これは例えば、スポーツや運動でいえば基礎体力に該当します。

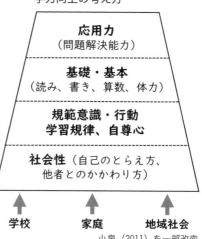

図5-1　SELにおける
学力向上の考え方

| 応用力 |
| （問題解決能力） |

| 基礎・基本 |
| （読み、書き、算数、体力） |

| 規範意識・行動 |
| 学習規律、自尊心 |

| 社会性（自己のとらえ方、 |
| 他者とのかかわり方） |

学校　　　家庭　　　地域社会

小泉（2011）を一部改変

⑵「気づきとコツ」の学習

社会性と情動の学習の特徴の1つに、"気づきを得て、コツを身につける学習"である、ということがあります。

　例えば、怒りの爆発による暴力やトラブルの予防については、「すぐに怒らない！」という言語での指導だけでは効果的ではありません。まず、「怒ってイライラしていたら、体や顔はこうなる」（図5-2のa）といった"気づき"が必要です。そして、そのときには図

図5-2　怒りの認知（気づき）とコントロール（コツ）のための教材例

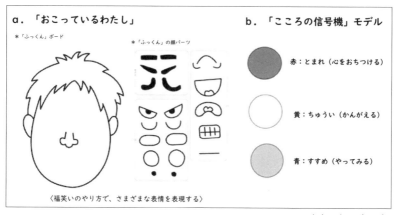

a.「おこっているわたし」
＊「ふっくん」ボード
＊「ふっくん」の顔パーツ
〈福笑いのやり方で、さまざまな表情を表現する〉

b.「こころの信号機」モデル
赤：とまれ（心をおちつける）
黄：ちゅうい（かんがえる）
青：すすめ（やってみる）

小泉・山田（2011）

5-2のbの信号機のように、まず深呼吸をして（赤）、どうしたらいいか考えて（黄）、そして例えば「やめて」と言葉で伝える方法（青）を指導します。この信号機モデルの"コツ"が身につくように、教師がモデルを示し、子どもはロールプレイングで練習するわけです。

　こうした学習によって、非認知能力とも呼ばれている感情・情動のマネジメント力、コミュニケーションスキル、目標設定や意欲にかかわる力、レジリエンスなどを高めていくことが期待されています。

（小泉令三）

【学校心理学の視点からの提案】

　教師の支援としては、4種類ものサポート（情緒的・情報的・道具的・評価的サポート）があると、まんべんなくすべてのサポートに精通していないといけないのかと考えてしまうか

表5-2　教師における4種類のサポート尺度

情緒的サポート			評価的サポート		
	1	担任の先生は、私に丁寧に接してくれます。		11	担任の先生は、だれに対しても公平に接してくれます。
	2	私の学級には、親しくしている友だちがいます。		12	担任の先生は、提出物や連絡帳（生活ノート）などをしっかり見てくれます。
	3	学級の友だちは、私に親切にしてくれます。		13	担任の先生は、私たちの質問や意見をしっかり聞いてくれます。
	4	担任の先生は、私たちの意見や話をよく聞いてくれます。		14	担任の先生は、困っていると声をかけてくれます。
	5	担任の先生は、私たちの気持ちをわかってくれます。		15	担任の先生は、休み時間などに個別に声かけをしてくれます。
情報的サポート	6	担任の先生は、わかりやすく黒板を書いてくれます。	道具的サポート	16	担任の先生は、掲示物を見やすくわかりやすくしてくれます。
	7	担任の先生は、チョークの色を使い分けて黒板を書いてくれます。		17	担任の先生は、道具や情報機器などを使って、わかりやすく教えてくれます。
	8	担任の先生は、意味のわかりやすい質問をしてくれます。		18	担任の先生は、解決できるまで時間をとってくれます。
	9	担任の先生は、授業の時にやるべきことをわかりやすく話してくれます。		19	担任の先生は、学級全体で話し合う活動を多く取り入れています。
	10	担任の先生は、学級の問題や課題をわかりやすく話してくれます。		20	私の学級では、約束事（生活のきまりや友だちとのかかわり方、掃除の仕方など）があります。

山口ら（2023）

と思います。

　筆者らは、教師が行う４種類のサポートの因子構造、モデルを検討した結果、４領域20項目の尺度の信頼性、妥当性について研究を行ってきています（表５-２）。

　まず、教師が行う４種類のサポートについて、児童生徒がどのようにとらえているのか、小学生・中学生のデータを確認的因子分析という方法で検討しました（山口ら、2023）。４種類のサポートのうち、仮説１の「教師がどのサポートを提供してくれているのか、児童生徒は明確に区別して意識している」、仮説２の「教師がどのサポートを提供しているのか、児童生徒は種類を意識せずに、全体としてサポートの量の多い少ないを感じている」のどちらがデータに合っているのかを検討しました。

　その結果から、茨城県教育研修センター教育相談課（2000）の調査結果とは異なり、児童生徒は仮説２の「教師がどのサポートを提供しているのか、児童生徒は種類をあまり意識せずに、全体としてサポートの量の多い少ないを感じている」傾向があることが読み取れました。児童生徒は、教師の４種類のどのサポートが多いか少ないかということよりも、全体としてサポートが多い先生なのか少ない先生なのか、ということに意識が向いているようです（表５-３）。

　この結果から言えるのは、４種類のサポートのうち、どれかが苦手であっても、別の種類のサポートを代わりに提供できていれば、児童生徒は全体としてよくサポートしてくれる先生と

表５-３　教師の４種類のサポート得点の基本統計量

		情緒的サポート	情報的サポート	評価的サポート	道具的サポート
小学生	平均	17.82	18.08	17.45	16.88
	SD	2.46	2.48	2.74	2.77
中学生	平均	17.65	17.33	17.09	16.16
	SD	2.71	2.93	2.95	3.01

山口ら（2024）

認めてくれるということです。

　しかし、小学生と中学生のデータを分けて分析すると、異なる様も見えてきました。小学生は上記の解釈や対応でよいのですが、中学生では評価的サポートにより敏感であるということがわかりました。中学校の先生方は、生徒の行動をよく観察して、よい学習行動についてしっかりフィードバックすることが重要となります。　　　　　　　　　　　　　　　　（山口豊一）

〈引用・参考文献〉
American School Counselor Association（2019）ASCA School Counselor Professional Standards & Competencies.
House, J. S.（1981）*Work Stress and Social Support*, Reading, MA: Addison-Wesley.
茨城県教育研修センター教育相談課編（2000）「児童生徒の自己表現を援助する学校教育相談の在り方」『教育相談の研究』10
石隈利紀（1999）『学校心理学―教師・スクールカウンセラー・保護者のチームによる心理教育的援助サービス』誠信書房
小泉令三（2011）『社会性と情動の学習（ＳＥＬ-８Ｓ）の導入と実践』（子どもの人間関係能力を育てるＳＥＬ-８Ｓ　１）ミネルヴァ書房
小泉令三・山田洋平（2011）『社会性と情動の学習（ＳＥＬ-８Ｓ）の進め方　小学校編』（子どもの人間関係能力を育てるＳＥＬ-８Ｓ　２）ミネルヴァ書房
文部科学省（2022）「幼保小の架け橋プログラムの実施に向けての手引き（初版）」https:www.mext.go.jp/content/20220405-mxt_youji-000021702_3.pdf
杉原一昭（2009）「ＡＴＩ」辰野千壽編『第三版 学習指導用語事典』教育出版、178-179頁
渡辺弥生（2016）「ソーシャルスキル・トレーニング」日本学校心理学会編『学校心理学ハンドブック 第２版』教育出版、142-143頁
山口豊一（2001）「小学校の授業に関する学校心理学的研究―授業における教師の４種類のサポートを中心として」『学校心理学研究』 1(1)
山口豊一・石隈利紀編（2020）『新版 学校心理学が変える新しい生徒指導――一人ひとりの援助ニーズに応じたサポートをめざして』学事出版
山口豊一・富島大樹・米沢美冴・上村佳代・松嵜くみ子（2023）「教師が行う４種類のサポートの因子構造の研究」（日本心理臨床学会第42回ポスター発表）
山口豊一・富島大樹・松嵜くみ子・米沢美冴・上村佳代（2024）「小中学校における４種類のサポートの因子構造に関する研究」『跡見学園女子大学附属心理教育相談所紀要』20（印刷中）

第6章

チーム学校と生徒指導

中井大介・瀧野揚三

1．チーム援助の理論

⑴　チーム援助とは

　チーム援助は、学校心理学の実践を貫く代表的な発想です（石隈・田村、2020）。チーム援助の理論には、コミュニティ心理学の理論と関連し、①学校は１つのコミュニティである、②みんな（学校や地域の関係者）が子どもを援助する資源である、③子どもの問題は、子どもと環境との相互作用で起こる、④子どもの全体を援助する、というコンセプトがあります。どれだけ優れた援助者でも、１人ですべての子どもの援助ニーズに応えることは容易ではありません。チーム援助の特徴は、子どもの周りの援助者が「子どものすべての側面」にかかわる点です。

　チーム援助では、援助者がお互いのコンサルタントになるため、そのプロセスは「相互（の）コンサルテーション」になります。例えば、学級担任は家庭での子育てに関して保護者のコンサルタントになりますが、学級での子どもとのかかわりについては保護者のコンサルティになります（石隈・田村、2020）。また、学級担任、養護教諭、スクールカウンセラー（ＳＣ）、保護者などがチーム援助を行い、さまざまな役割から子どもを立体的にとらえて“援助を重ねる”ことが、日本型のチーム援助の実践モデルになります（石隈、2013）。

⑵　援助チームとは

　チーム援助を行う援助チームとは、「援助ニーズの大きい子どもの学習面、心理・社会面、進路・キャリア面、健康面における問題上の解決をめざす複数の専門家と保護者によるチーム」です（石隈、1999）。援助チームの特徴は、|①複数の専門家で多面的にアセスメント行い、②共通の援助方針のもとに、③異なった役割を担いつつ、

④相互に補いながら援助を進めること」にあります。援助ニーズが大きい子どもにはその学級担任、保護者、ＳＣなどがチームになって援助サービスを行います。その際、援助チームで子どもの学校生活全体（学習面、心理・社会面、進路・キャリア面、健康面）をアセスメントし、具体的な援助計画を検討してから行います。

　学校における具体的な援助チームとしては、子どもの問題状況の解決を目指す「個別の援助チーム」、学年会や生徒指導委員会などの「コーディネーション委員会」、管理職や学年主任等が集まって学校全体の教育活動の運営を話し合う「マネジメント委員会」などがあります（田村、2013；本書第８章）。

２．チーム援助の方法

　チーム援助を行う個別の援助チームには、「コア援助チーム」「拡大援助チーム」「ネットワーク型援助チーム」という３つのタイプがあります（図６-１）。

　チーム援助では、まずコア援助チームが基本になります。コア援助チームとは、学校教育において教師・保護者・コーディネーター（ＳＣなど）が核になり、他の援助資源を活用しながら定期的に援助する心理教育的援助サービスの形態です。構成員が少数のため、活動のしやすさ、チームとしての成熟、情報の守秘義務等の点でも機能的とされています。また、このコア援助チームは、子どもの援助ニーズの高さや緊急の度合いにより、拡大援助チームやネットワーク型援助チームに発展します。拡大援助チームは、コア援助チームに必要に応じて養護教諭、生徒指導担当、特別支援教育担当などの他の教員が加わったものです。ネットワーク型援助チームは、コア援助チームや拡大援助チームに加えて、メンバーのネットワークを通じて広く援助を要請するもので、医療機関、適応指導教室などの

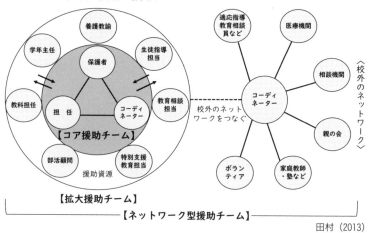

図6-1　3種類の個別の援助チーム

適応指導教育相談員など　医療機関

養護教諭
学年主任　保護者　生徒指導担当
教科担任　担　任　コーディネーター　教育相談担当
【コア援助チーム】
部活顧問　特別支援教育担当
援助資源
【拡大援助チーム】

コーディネーター

相談機関
親の会
家庭教師・塾など
ボランティア

〈校外のネットワーク〉

校外のネットワークをつなぐ

【ネットワーク型援助チーム】

田村（2013）

外部機関や、親の会、ボランティアなどの校外のさまざまな援助資源が関与します（田村、2013）。

　その中で、例えば学級担任は子どもの学級での様子、学習面、心理・社会面、進路・キャリア面、健康面の情報などを提供し、保護者は子どもの家庭での様子、生育歴などの情報を提供して、コーディネーターは子どもの観察・面接、心理検査の結果なども含め提出された情報の分析を行います。援助チームで提案された援助案をそれぞれの役割で実施することで、援助を重ねます。その際、「プロフィールシート」「援助チームシート」「援助資源チェックシート」などのツールを活用することも効果的です（石隈・田村、2020）。

3．チームによるプログラムづくり：1次的援助サービス

　1次的援助サービスでのチームによるプログラムづくりは、『生徒指導提要』でも発達支持的生徒指導および課題未然防止教育として展開されています。以下が、『提要』に示された、管理職のリーダーシップのもと、全校体制で取り組むチーム支援のプロセスと留意

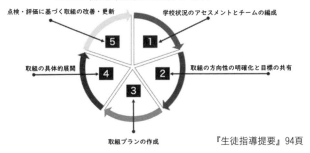

図6-2　チーム支援のプロセス：発達支持的生徒指導
および課題未然防止教育の場合

点検・評価に基づく取組の改善・更新　　　学校状況のアセスメントとチームの編成

取組の具体的展開　　　　　　取組の方向性の明確化と目標の共有

取組プランの作成　　　　　　『生徒指導提要』94頁

点となります（図6-2）。

①**学校状況のアセスメントとチームの編成**：学校、学年、学級、児童生徒の全体状況の把握（アセスメント）のため、多角的・多面的でかつ客観的な資料を得ることが重要です。また、取組を推進する核となるチームを編成します。

②**取組の方向性の明確化と目標の共有**：得られた情報を分析して、学校や児童生徒の課題および児童生徒の成長を支える自助資源・支援資源などを抽出し、明確な目標を設定して、教職員全体で具体的な教育活動に結びつけます。

③**取組プランの作成**：取組計画を作成する際は、学校を取り巻く環境を内部環境と外部環境に区分し、それぞれの「強み」と「弱み」を洗い出し、実現可能な取組の方向性を探り、具体的な取組プランを作成します。

④**取組の具体的展開**：児童生徒の主体性を重視し、長期的な取組、中期的な取組、短期間な取組といった時間的展望をもちながら、発達段階や学校・地域の実情に即して展開することが重要です。

⑤**点検・評価に基づく取組の改善・更新**：実際の取組においては、ＰＤＣＡサイクルに沿って取組を充実させ、生徒指導の効果を向上させます。全校体制によるチーム支援の取組の改善・更新が「チームとしての学校」を発展させます。

4．チームによる早期発見・早期対応：２次的援助サービス

　２次的援助サービスにおけるチームによる援助は、『生徒指導提要』においては困難課題対応的生徒指導および課題早期発見対応におけるチーム支援として展開されています。以下が、『提要』に示されているチーム支援のプロセスと留意点です（図6‐3）。

①**チーム支援の判断とアセスメントの実施**：児童生徒が課題に直面した際、生徒指導部や教育相談部など複数部門が協力し、ケース会議で生物・心理・社会モデル（ＢＰＳモデル：Bio-Psycho-Social Model）の観点からアセスメントを行い、チーム支援を検討します。

②**課題の明確化と目標の共有**：ケース会議で、児童生徒と家庭に必要な支援を決定します。継続した会議で長期目標と短期目標を設定し、課題を明確にしつつ、共有された具体的な目標に基づき専門性を活かした役割分担を行います。

③**チーム支援計画の作成**：「何を目標に（長期目標と短期目標）」「誰が（支援担当者や支援機関）」「どこで（支援場所）」「どのような支援を（支援内容や方法）」「いつまで行うか（支援期間）」を示したチーム支援計画を作成します。

④**チーム支援の実践**：コーディネーター主導で定期的なケース会議

図6‐3　チーム支援のプロセス：困難課題対応的生徒指導
および課題早期発見対応の場合

点検・評価に基づくチーム支援の終結・継続　　チーム支援の判断とアセスメントの実施

5　1

チーム支援の実践　　4　2　課題の明確化と目標の共有

3

チーム支援計画の作成　　　　『生徒指導提要』90頁

を行いチーム支援を評価・改善します。関係者間の情報共有と記録、管理職への報告を通じた活動状況のモニタリングが重要です。
⑤点検・評価に基づくチーム支援の終結・継続：学期末や学年末にチーム支援計画の目標達成を評価し、達成で支援を終了します。年度を越える場合は、新年度にチーム支援計画を見直して継続します。その際は前年度の情報引き継ぎが重要です。

5．チームによる困難課題対応：3次的援助サービス

　3次的援助サービスにおけるチームによる援助は、『生徒指導提要』では、困難課題対応的生徒指導として記述されています。ここでは、3次的援助サービスの個別課題の例として「いじめ」を取り上げ、チームによる支援を見てみましょう。
①いじめの心理教育的アセスメント：いじめ問題に対する困難課題対応的生徒指導も、基本的には前項で確認したプロセスで進めます。まず、「学校いじめ対策組織」を中心に、いじめを重大事態化させないための危機意識を教職員間全体で共有します。情報は組織的に共有し、ケースに応じた対応策を検討します。いじめの問題が複雑化し、対応が難しいケースは、早い段階からコア援助チームに加え、拡大援助チーム、ネットワーク型援助チームで丁寧なアセスメントを行い、多角的な視点で組織的対応を進めることが求められます。
②ケース会議の進め方：ケース会議では、①アセスメント（いじめの背景にある人間関係、被害児童生徒の心身の傷つきの程度、加害行為の背景、加害児童生徒の抱える課題等）を行い、②アセスメントに基づいて被害児童生徒への援助方針、加害児童生徒への指導方針、周囲の児童生徒への働きかけの方針を立てます。ケース会議後、③被害児童生徒と保護者に確認された事実、指導・援助方針等を説

明し、同意を得た上で、④指導・援助プランを実施し、⑤モニタリング（３か月を目途に、丁寧な見守り、被害児童生徒と保護者への経過報告と心理的状態の把握等）を行います。また、⑥教育委員会等への報告、⑦情報の整理と管理、記録の作成と保管も行います。

（中井大介）

6．学校危機と生徒指導

⑴　学校危機とは

　生徒指導が目標とする児童生徒の自己実現を支えるためには、学校が安全で安心な環境である必要があります。学校は学校安全計画に基づき、個人レベル、学校レベル、地域社会レベルで、安全教育、安全管理、組織活動の側面から、生活安全、交通安全、災害安全の３領域に実践課題を設定し、学校安全に取り組みます（表6-1）。

　学校では、けんか、いじめ、暴力行為、授業中や課外活動中のけがが、実験や実習中の火災、食中毒、感染症などが発生することがあり、時には大きな自然災害が起こることもあります。事件・事故、災害などによって、通常の方法では解決することが難しく、学校の運営機能に支障をきたすような事態を「学校危機」と呼びます。

　学校危機の状況下では、校内で発生した事案だけでなく、児童生徒の個人的な事柄や地域社会の出来事の影響を受けることもあり、緊急対応が必要になる場合があります（上地編、2003）。学校レベルの危機は学校管理下の事案であり、教職員が対応します。個人レベルの危機は学校管理下ではありませんが、児童生徒だけではなく家族への支援を行ったり、学級担任が交友関係に配慮してクラスで報告や説明をしたり、さまざまなサポートが必要になる場合もあります。

　教職員個人のバーンアウトや不祥事などの危機についても、児童生徒への影響が想定される場合には学校としての対応が求められま

表6-1　学校危機の内容と対応

危機のレベル	具体的内容	危機対応
個人レベル	不登校、家出、児童虐待、性的被害、家庭崩壊、自殺企図、病気、貧困問題など	教職員、保護者および専門家などによる当該児童生徒および教職員への個別的危機対応
学校レベル	いじめ、学級崩壊、校内暴力、校内事故、体罰、集団薬物乱用、集団食中毒、教師のバーンアウトなど	教職員、児童生徒、保護者を含めた全体の協力体制の下での危機対応
地域社会レベル	殺傷事件、自然災害、火災（放火）、公害、誘拐・脅迫事件、窃盗・暴力事件、ＩＴ被害、教師の不祥事など	外部の専門機関や地域社会の人々との迅速な連携の下に支援の要請が必要

上地編（2003）を参考に作成

す。また、自然災害のような地域社会レベルの危機では、多くの児童生徒が類似した危機を同時に経験する場合があり、休日や夜間であっても安否確認や居住場所、家族や地域の様子、通学路の安全確認などの対応が必要になります。

⑵　リスクマネジメントとクライシスマネジメント

　学校危機への対応について、『生徒指導提要』では、事件・事故を回避し、災害の影響を緩和するために学校が取り組む「リスクマネジメント」と、事件・事故、災害発生直後に、被害を最小化し、早期の回復へ向けた取組である「クライシスマネジメント」に分けて説明しています。

　リスクマネジメントは、危機が発生しないように予防的な取組を行うことです。実際には、児童生徒への教育や訓練、教職員による安全管理、災害等による影響を予測して回避したり、影響を緩和したりするための、即時に対応できる体制を整えます。管理職は、生徒指導主事と保健主事などとともに策定されたマニュアル（学校危機管理マニュアル、学校いじめ防止基本方針など）をすべての教職員に周知し、教職員間で理解が得られ、意思疎通が図られるように研修を行い、学校危機に備える必要があります。具体的には、危機発生後の緊急対応に備えるための避難訓練の実施、ＡＥＤや心肺蘇生法の訓練があります。危機が発生しないような教育や訓練としては、ソーシャルスキル・トレーニング、ピア・サポート、ストレスマネジメントの導入、授業中の共感的な人間関係の醸成など、発達

支援的生徒指導の実践があります。また、学校風土が安全で安心で
あるように、定期的な校内巡視と施設点検、いじめ防止のための学
習プログラム、いじめの早期発見と対応、ＳＯＳの出し方に関する
教育など、課題予防的生徒指導の実践を通じて危機の未然防止と危
機の影響をできるだけ回避できるような対応を行います。こういっ
た対応は、学校心理学の１次的援助サービスの取組になります。

　クライシスマネジメントは、危機の発生直後に、学校・学級運営
面で心のケアなどを迅速に行い、被害や影響の最小化に努めます。
さらに、中長期の対応による回復や復旧の支援、再発防止を進める
体制を整えていく必要があります。そのためには、平時に危機対応
の役割分担を決め、シミュレーション訓練を実施しておくことが大
切で、このことは、危機管理マニュアルの改訂にもつながります。
さらに、危機からの回復に関する備えとして、平常時に、チーム学
校のメンバーであるＳＣやＳＳＷから、事件・事故、災害発生後の
子どもの反応と対応に関する心のケアについての研修を受けておく
ことも、困難課題対応的生徒指導につながります。クライシスマネ
ジメントは、学校心理学の２次的、３次的援助サービスの実践に位
置づけられます。　　　　　　　　　　　　　　　　　（瀧野揚三）

〈参考・引用文献〉
中央教育審議会（2015）「チームとしての学校の在り方と今後の改善方策について（答
　申）」
家近早苗（2014）「コーディネーション委員会への参加による教師の意識の向上」石隈
　利紀・家近早苗・飯田順子編著『学校教育と心理教育的援助サービスの創造』学文社
石隈利紀（1999）『学校心理学―教師・スクールカウンセラー・保護者のチームによる
　心理教育的援助サービス』誠信書房
石隈利紀（2013）「なぜ学校心理学なのか」水野治久・石隈利紀・田村節子・田村修
　一・飯田順子編著『よくわかる学校心理学』ミネルヴァ書房
石隈利紀・田村節子（2020）「第３章　学校心理学」学校心理士認定運営機構編『学校
　心理学ガイドブック〔第４版〕』風間書房
田村節子（2013）「援助チーム」水野治久・石隈利紀・田村節子・田村修一・飯田順子
　編著『よくわかる学校心理学』ミネルヴァ書房
上地安昭編著（2003）『教師のための学校危機対応実践マニュアル』金子書房

【学校心理学の視点からの提案】

　ここでは学校心理学の視点から、生徒指導における「ほんものチーム」の必要性を提案したいと思います（図6-4は、中央教育審議会の答申で示された「チームとしての学校」像のイメージ）。

　児童生徒の援助ニーズはますます多様になっています。個々の子どもの援助ニーズに対して効果的な心理教育的援助サービスを提供するためには、多様な援助資源を活用した働きかけが必要です。つまり、従来の「教師個人の力量のみに頼る生徒指導」から、「コア援助チーム」「拡大援助チーム」「ネットワーク型援助チーム」といった「チーム学校」での生徒指導に転換する必要があります。

　しかし、チーム学校はいまだ転換期にあり、子どもを取り巻く環境として学校・家庭・地域がチーム学校として有機的に機能していないケースもあります。OECD国際教員指導環境調査（TALIS）や文部科学省の「教職員のメンタルヘルス対策検討会議」のまとめからは、日本の教員の業務負担や社会からの過度な期待がその要因の1つと考えられています。本来、学校・地域・家庭のそれぞれが子どもの教育を担う「当事者」ですが、依然として教育の問題を学校にのみ起因させる風潮もあるように思われます。これらの風潮を含め、教育行政、教育財政、教育制度など、社会全体でチーム学校を促進する体制づくりを推し進める必要があるでしょう。

　つまり、社会全体で「にせチーム」から本当の意味で機能している「ほんものチーム」（家近、2014）への転換を図っていくことで、子どもの援助ニーズに応えるシステムづくりをより一層推し進めることができるかもしれません。　　　　　（中井大介）

図6-4　「チームとしての学校」像

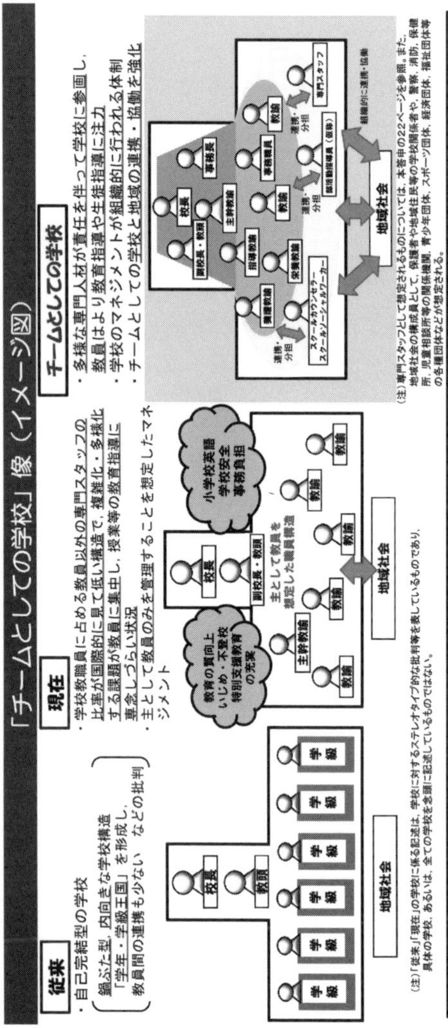

	従来	現在	チームとしての学校
授業	・教員による一方的な授業への偏重	・変化する社会の中で，新しい時代に必要な資質・能力を身に付ける必要	・アクティブ・ラーニングの視点からの不断の授業改善
教員の業務	・学習指導，生徒指導等が中心	・学習指導，生徒指導等に加え，複雑化・多様化する課題が教員に集中し，授業等の教育指導に専念しづらい状況。	・専門スタッフ等との協働により複雑化・多様化する課題に対応しつつ，教員は教育指導により専念
学校組織運営体制	・鍋ぶた型の教職員構造 ・担任が「学年・学級王国」を形成	・主幹教諭の導入等の工夫 ・学校教職員に占める教員以外の専門スタッフの比率が国際的に見て低い構造	・カリキュラム・マネジメントを推進 ・多様な専門スタッフが責任を持って学校組織に参画して校務を運営
管理職像	・教員の延長線上としての校長	・主として教員のみを管理することを想定したマネジメント	・多様な専門スタッフを含めた学校組織全体を効果的に運営するためのマネジメントが必要
地域との連携	・地域に対して閉鎖的な学校	・地域に開かれた学校の推進	・コミュニティ・スクールの仕組みを活用 ・チームとしての学校と地域の連携体制を整備

中央教育審議会（2015）

〔「チームとしての学校」像（イメージ図）　作業部会事務局作成〕

第7章

コンサルテーションが支える生徒指導

田村節子

1．コンサルテーションの基本的な考え方

⑴　コンサルテーションとは

　学校心理学では、コンサルテーションを「異なった専門性や役割をもつ者同士が子どもの問題状況について検討し、今後の援助について話し合うプロセス（作戦会議）」（石隈、1999）と定義しています。コンサルテーションは、助言者であるコンサルタントと、助言を受けて実行するコンサルティとの相互関係です。コンサルテーションの目的は、「コンサルティの専門性向上のためや、コンサルティがすでにもっている知識や情報を課題解決のために有効活用するため」（Caplan, 1961 = 1968）に行われます。

　図7-1は、学校現場においてよく見られるコンサルテーションを示したものです。例えば、コンサルタントであるスクールカウンセラー（ＳＣ）が、コンサルティである教師（学級担任）に対して、不登校の子どもへの家庭訪問や放課後登校での学習支援、ないしはオンラインでの会話などを提案します。教師がＳＣの提案の中からオンラインでの会話を選び、子どもへの援助をしたとします。この一連の流れでは、ＳＣは自分の提案をコンサルティである教師が実行したことにより、間接的に子どもを援助したことになります。一方、教師はコンサルタントであるＳＣの提案どおりに、直接的に子

図7-1　コンサルテーションにおけるコンサルタントと
　　　　　コンサルティの関係

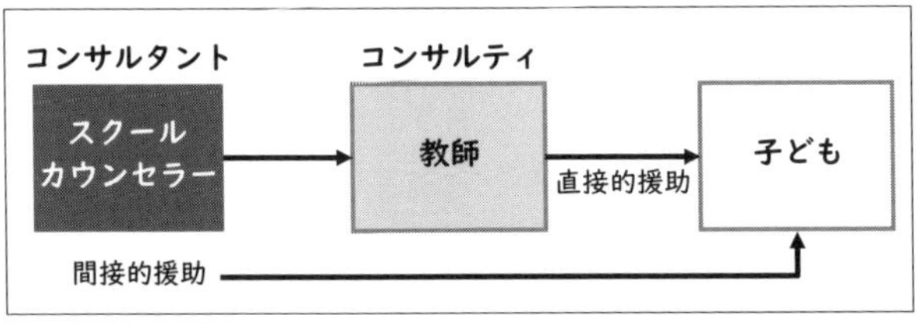

どもを援助したことになります。

　コンサルタントであるＳＣには、コンサルティである教師が援助しやすいように、教師の持ち味を活かした複数の選択肢を用意し、提案することが求められます。コンサルティが実行しにくい提案だけの場合には、コンサルティは「それはちょっとできません」とコンサルタントに伝えます。なぜならコンサルタントの助言どおりに援助を行ってうまくいかなかったときには、その結果の責任はコンサルティである教師がとることになるからです。したがって、提案をコンサルティが実行することが難しい場合には、助言を拒否できるような雰囲気や信頼関係を築くことがコンサルタントには求められます。

　なお、コンサルテーションとカウンセリング、スーパービジョンはとても似た概念です。以下に述べるようなこれらの違いを生徒指導主事等が知っておくことは大変重要です。

(2)　コンサルテーションとカウンセリングの同異

　コンサルテーションとカウンセリングの同じ点は、どちらも「信頼関係の上に成り立つ」ということです。信頼関係がなければ、どちらの活動もうまくいきません。

　異なる点は、課題への焦点の当て方です。カウンセリングは、「個人の内面」に焦点を当て、受容的に傾聴します。例えば、子どもの不登校の問題状況について、保護者のカウンセリングを行う場合には、これまでの子育てや、思いどおりにならない子どもへの思いや配偶者への不満等に焦点が当たります。

　コンサルテーションは、「課題解決」に焦点を当てます。コンサルティの性格などの内面には深入りせずに、職業上の問題を取り上げ、相手の鎧は大切にします。例えば、コンサルティが教師であっ

た場合には、コンサルタントは不登校の子どもについて何をどうしたらよいかアセスメントを行って援助案を考え、教師の性格傾向や家庭生活の悩みなどには焦点を当てません。

⑶　コンサルテーションとスーパービジョンの同異
　コンサルテーションとスーパービジョンも、カウンセリングと同様、信頼関係の上に成り立ちます。人と人との間で行われる活動では、信頼関係の構築が最も重要なポイントとなります。異なる点は、「専門性」と「結果責任のとり方」です。
　コンサルテーションは、「異なる専門性」をもつ者同士の間で行われる活動です。例えば、心理の専門家であるＳＣが、教育の専門家である教師にコンサルテーションを行うなどです。そして、コンサルタントの提案でコンサルティが行った行動の結果責任は、コンサルティ（提案を受けて実行した人）がとります。
　一方、スーパービジョンは、「同じ専門性」をもつ者同士の間で行われます。例えば、教育の専門家である校長（スーパーバイザー）が指導者となって、同じ教育の専門家である新任教師（スーパーバイジー）に指導（スーパービジョン）を行うなどです。この場合、校長の指導どおりに新任教師が援助を行って、うまくいかなかった場合には、結果責任はスーパーバイザーである校長がとります。
　このようにスーパービジョンとコンサルテーションは、大きく異なることに留意します。

２．生徒指導における校内コンサルテーション

⑴　校内コンサルテーションとは
　ここでは、学校内で行われるコンサルテーションについて説明し

ます。校内コンサルテーションは、『生徒指導提要』にある生徒指導
が目指すこれからの方向性の１つとして挙げられている下記の内容
に合致します。
・チーム学校による生徒指導体制の構築
・組織的・効果的な生徒指導体制の構築
・学校と専門家・関係機関および地域・家庭との連携・協働の強化
　学校心理学で石隈 (1999) が提唱している校内コンサルテーション
の種類は、①研修型コンサルテーション、②システム介入型コンサ
ルテーション、③問題解決型コンサルテーションの３つです。
①**研修型コンサルテーション**：テーマに応じて研修会形式で行いま
　す。「不登校」「発達障害」など、今学校で課題となっているテー
　マで講師を呼び、研修会形式で学ぶなどが挙げられます。
②**システム介入型コンサルテーション**：学校組織に関するコンサル
　テーションを行います。問題の未然防止から危機介入などを含
　め、学校が組織的に対応することについてコンサルテーションを
　行います。例えば、「チーム援助」「多職種との連携・協働」など
　について何をどのようにしたらよいかについて具体的なコンサル
　テーションが行われます。
③**問題解決型コンサルテーション**：子ども一人一人の個々の事例に
　対して行われるコンサルテーションです。２種類あります。１つ
　は、コンサルタントがコンサルティに提案する従来型の一方向の
　コンサルテーション。２つ目は、おもにチーム援助等の話し合い
　で行われる相互コンサルテーションです。相互コンサルテーショ
　ンは『生徒指導提要』にも取り上げられています。

⑵　相互コンサルテーションとは

　１人の子どもの問題状況の解決を援助し、成長を促すのが心理教

育的援助サービスで
す。そして、その中核
が、問題解決型コンサ
ルテーションの1つで
ある「相互コンサルテ
ーション」です。

　相互コンサルテーシ
ョンとは、異なった専
門性や役割をもつ者同
士がそれぞれの専門性
や役割に基づき、援助
の対象である子どもの
状況について検討し、
今後の援助方針につい

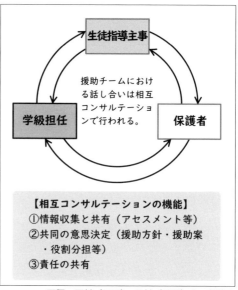

図7-2　相互コンサルテーションにおける
　　　　コンサルタントとコンサルティの関係

石隈・田村（2003）、田村（2009）を一部改変

て話し合う作戦会議のことです。コンサルタント（提案する者）と
コンサルティ（提案を受ける者）の関係は一方向だけではなく、相
互にもなり得る関係です（田村、2003；田村・石隈、2003）。具体的には、
生徒指導主事やSC、学級担任、保護者等が作戦会議の中で、コン
サルタントになったり、コンサルティになったりします（図7-2）。

　コンサルテーションでは、コンサルティが援助の結果の責任をと
ります。しかし、相互コンサルテーションでは、参加したメンバー
誰もが「コンサルタント」と「コンサルティ」になるため、チーム
メンバー全員が責任を共有します。

　相互コンサルテーションの機能は、情報の収集と共有（アセスメ
ント等）、共同の意思決定（援助方針、援助案、役割分担等）、責任
の共有です。これらの機能がうまく発揮されるためには、参加して
いるメンバー同士のパートナーシップ、すなわち対等性・協働性が

鍵を握ります。

⑶　校内コンサルテーションにおけるニーズの見極め

　保護者や子ども、教師などの援助を受ける側には、2つのニーズがあります（図7-3）。カウンセリングニーズとコンサルテーションニーズです。

　カウンセリングニーズは、「ただ悩みを聞いてほしい」「自分の気持ちをわかってほしい」というニーズです。助言はあまり求めていません。一方、コンサルテーションニーズは、「問題状況について解決方法を知りたい」というニーズです。

　この2つのニーズを混同すると、支援はうまくいきません。聞いてほしいのに助言されると、「わかってもらえない」と感じてしまいます。解決方法を知りたいのに、ただ「うんうん」と聞くだけだと、「何も助言してもらえない」と不満をもちます。

　カウンセリングニーズとコンサルテーションニーズは、行ったり

図7-3　カウンセリングニーズとコンサルテーションニーズ

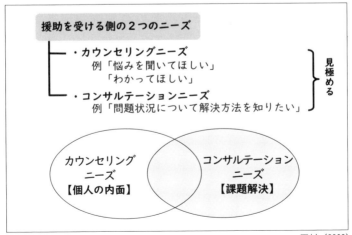

田村（2009）

来たりして明確に分けられない場合もあります。しかし、じっくりと話に耳を傾けて、どちらのニーズが強いか見極めることが重要となります。

⑷　よいコンサルタントとよいコンサルティの条件

　相互コンサルテーションでは、各々がよいコンサルタントとよいコンサルティになることが求められます。

　よいコンサルタント（提案を行う者）の条件とは、①聞き上手である、②信頼関係を構築できる、③相手の持ち味を活かせる、④コンサルティが納得する援助案を提案できる、⑤専門性の限界を知っている、⑥コンサルティをリスペクトしている等です。

　よいコンサルティ（提案を受けて実行する者）の条件とは、①教わり上手である、②相手を信頼できる、③自分の価値観を大事にするが柔軟性を失わない、④提案に納得できないときには説明を求めることができる、⑤自分ができることの限界を知っている、⑥コンサルタントをリスペクトしている等です（田村、2023）。

3．校内コンサルテーションにおける生徒指導主事の役割

　生徒指導主事は、『生徒指導提要』における発達支持的生徒指導から困難課題対応的生徒指導までの一連の活動をリードする役割を担います。生徒指導主事には、次のような役割が期待されています。

　「生徒指導主事は、校長の監督を受け、生徒指導に関する事項をつかさどり、当該事項について連絡調整及び指導、助言に当たる」（学校教育法施行規則第70条4項）

　校内コンサルテーションにおいて、生徒指導主事には校内コンサルテーションをリードする役割が期待されます。

学校の生徒指導全般にわたる業務の企画・立案等が生徒指導主事の職務です。そこで、学校の課題や生徒の問題状況を解決していくために、必要なシステム介入型コンサルテーションや研修型コンサルテーションを企画します。

　また、生徒指導に関する専門的な担当者として、学級担任をはじめとする教職員に対して助言等を行います。問題解決型コンサルテーションにおいては、子どもや家庭、関係機関等に働きかけ、問題解決にあたるためのリードをとる役割を担います。

【学校心理学の視点からの提案】

　学校心理学における心理教育的援助サービスの根幹は援助チームの活動です。その援助チームの活動の話し合いは、相互コンサルテーションで行われることがポイントとなります。

　相互コンサルテーションの効果を最大限に発揮するために最も重要なのが、チームメンバー同士の信頼関係とコミュニケーションです。生徒指導主事が自身の価値観や私情を脇に置き、援助者としてのプロフェッショナリズムを発揮できるかどうかが効果的な相互コンサルテーションを行う際のポイントとなります。

　具体的には、次のことを常に心に留めるようにします。

・日頃の人間関係を大切にする
・相手の立場を尊重し、互いの意見を傾聴する
・話し合いにおいて共通のゴールを明確化する
・自助資源を発見する
・意見の違いを認め合い、よりよい援助案を検討する
・（子どもの権利条約や子ども基本法にのっとって）当事者の

権利を尊重し十分に意見が表明できるように配慮する

　　多忙な日々が続くと忘れがちですが、お互いにねぎらいの言葉を一言添えるだけで、心地よい人間関係の維持に役立つことも自戒を込めてお伝えします。

〈参考・引用文献〉

Caplan, G. ed.（1961）*An approach to community mental health*, Tavistock Press（加藤正明監修、山本和郎訳『地域精神衛生の理論と実際』医学書院、1968年）

石隈利紀（1999）『学校心理学—教師・スクールカウンセラー・保護者のチームによる心理教育的援助サービス』誠信書房

石隈利紀・田村節子（2003）『石隈・田村式援助シートによる チーム援助入門—学校心理学・実践編』図書文化社

田村節子（2003）「スクールカウンセラーによるコア援助チームの実践—学校心理学の枠組みから」『教育心理学年報』42、168-181頁

田村節子・石隈利紀（2003）「教師・保護者・スクールカウンセラーによるコア援助チームの形成と展開—援助者としての保護者に焦点をあてて」『教育心理学研究』51(3)、328-338頁

田村節子（2009）『保護者をパートナーとする援助チームの質的分析』風間書房

田村節子（2023）「連携・協働するためのコミュニケーション・相互コンサルテーション」日本心理研修センター実務基礎研修⑯資料

第8章

コーディネーションと生徒指導

家近早苗

生徒指導の目的を達成するためには、児童生徒が自分自身の力（自助資源）を使いながら学校生活を送れるように、周囲の援助者の力（援助資源）を活用することが必要になります。

　そこで本章では、生徒指導について児童生徒の援助資源を活用するコーディネーションについて述べます。

1．コーディネーションの理論

　生徒指導は、一部ではなく、すべての教職員が行います。しかし学校組織は、教職員個人の専門性や学年会などの下部組織の個業性が尊重される特徴をもっています。そのため、子どもへの指導や支援について教職員全体で共有するには、教職員同士のコミュニケーションや、校内組織同士の連携、管理職への報告や情報共有など、横の連携と縦の連携を意図して行うことが必要になります。

　このような横の連携と縦の連携を促進するために、資源を積極的に活用することがコーディネーションです。学校教育におけるコーディネーションの定義は、「子どもの援助者が集まり、子どもの苦戦する状況についての情報を収集しながら、子どもに対する援助方針を共有し、援助活動をまとめるプロセスであり、多様な視点や資源、方法を組み合わせながら支援や調整を行うこと」です。そのためには、子どもの周りにある援助資源について把握し、その資源を効果的に組み合わせ、システムとして活用することが重要です。

2．生徒指導のコーディネーション

⑴　3層のチーム援助システム

　コーディネーションの条件の基盤となるのが、「援助者が集まっ

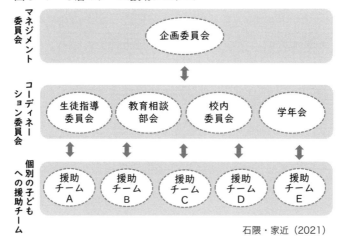

図8-1　3層のチーム援助システム

マネジメント委員会　企画委員会

コーディネーション委員会　生徒指導委員会　教育相談部会　校内委員会　学年会

個別の子どもへの援助チーム　援助チームA　援助チームB　援助チームC　援助チームD　援助チームE

石隈・家近（2021）

て支援をすること」であり、チーム援助であるといえます。学校心理学ではチーム援助を3層で整理しています（図8-1）。

1)　個別の子どもへの援助チーム

　個別の子どもへの援助チームの特徴は、子どもの問題状況に応じて開始され、終了までの一定の期間行われること、臨機応変につくることができることです。また、教職員、保護者など子どもにかかわる援助者がそれぞれの専門性を活かすことが重要であり、メンバー同士の援助過程は「相互コンサルテーション」であるとされます（田村・石隈、2003）。

2)　コーディネーション委員会

　コーディネーション委員会は、学校組織では生徒指導委員会（部会）、教育相談部会、特別支援教育における校内委員会、学年会などにあたります（家近・石隈、2003；家近、2018）。校内組織に位置づけられており、定期的、恒常的に開催されることが特徴です。広く学校や学年での援助ニーズを把握しながら、そのニーズに応じた判断と活動が行われます。

3) マネジメント委員会

マネジメント委員会は、学校全体の教育目標を達成するための意思決定や危機管理を行う委員会、例えば運営委員会や企画委員会などのことです。マネジメント委員会では、問題・情報の共有化、学校の課題に関する「協議→決定→指示・伝達→終了」という過程で循環的に行われます（山口・石隈、2009）。

⑵ コーディネーション委員会（生徒指導委員会）の機能とその影響

生徒指導委員会（部会）や教育相談部会は、前述したようにコーディネーション委員会にあたります。生徒指導委員会や教育相談部会は、生徒指導上の特別な援助ニーズのある子どもへの指導や支援だけでなく、すべての子どもを対象とした生徒指導について検討します。こうしたコーディネーション委員会には、次のような4つの機能（図8-2）が考えられます（IECHIKA & ISHIKUMA, 2021）。

①コンサルテーションおよび相互コンサルテーション機能：異なる専門性をもつスクールカウンセラー（ＳＣ）や教職員等が協力しあいながら問題解決を行います。コーディネーション委員会の参加者は、管理職や養護教諭など校内での専門性の異なる教職員、教師と異なる専門性をもつＳＣなどであることから、お互いが新しい知識を得ることや、新しい視点をもつようになることが可能になります。

図8-2　コーディネーション委員会の4つの機能

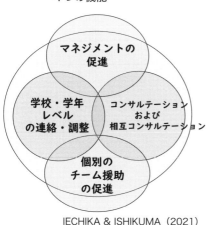

IECHIKA & ISHIKUMA（2021）

②学校・学年レベルの連絡・調整機能：学校全体の取組として、子どもたちへの効果的な援助や情報を提供します。各学年の代表者が参加することで、学年への連絡や調整が可能になります。

③個別のチーム援助の促進機能：共有された援助方針をそれぞれの援助チームに伝えます。参加者がコーディネーション委員会での話し合いを踏まえ、その方針や具体的な対応策を援助チームに伝えることで可能になります。

④マネジメントの促進機能：コーディネーション委員会において校長の意思伝達や教職員との連携が図られます。管理職が参加することによって、支援はより効果的になります。

　コーディネーション委員会で検討することによって、担任１人ではできないことも、他の教職員や多職種の専門家、関係機関などの協力を得ながら進めることができるようになります。複数の教職員が協力してアセスメントを行い、そのアセスメントに基づき役割分担をすることで、指導・援助の幅や可能性が広がります。また、コーディネーション委員会では、ベテランや新人の教職員、管理職や養護教諭、さらにＳＣやスクールソーシャルワーカー（ＳＳＷ）などの教師以外の専門家も参加します。その中で参加者は、他の参加者から新しい視点や知識を得ること、自分の実践に対する自信や安心を獲得することが明らかになっています（家近・石隈、2007）。そしてそれらは、誰か１人の責任を追及したり、うまくいかないことを責めたりするのではなく、互いに参加者から支えられていると感じることが基盤となります。

　そしてこれら４つの機能は、教職員の意識や態度を通して、すべての子どもへの心理教育的援助サービスの向上に影響を与えることが示されています（IECHIKA & ISHIKUMA, 2021）。コーディネーション委員会である生徒指導委員会（部会）や教育相談部会が活性化し、

これらの機能を発揮することで、学校全体の生徒指導の向上につながると考えられます。

⑶　生徒指導における支援チーム

　『生徒指導提要』では、生徒指導における支援チームを3種類に整理しています（図8-3）。

①**機動的連携型支援チーム**：学級・ホームルーム担任とコーディネーター役の教職員（生徒指導主事や教育相談コーディネーター、特別支援教育コーディネーター、学年主任等）が連携して、機動的に問題解決を行います。このチームは、学校心理学の「個別の子どもへの援助チーム」にあたります。

②**校内連携型支援チーム**：生徒指導主事、教育相談コーディネーター、特別支援教育コーディネーター、養護教諭、学年主任、ＳＣ、ＳＳＷ等がコーディネーターとなり、課題早期発見対応の対象となる子どもの情報の収集と支援を定期的、継続的に行います。こ

図8-3　『生徒指導提要』における支援チームの形態

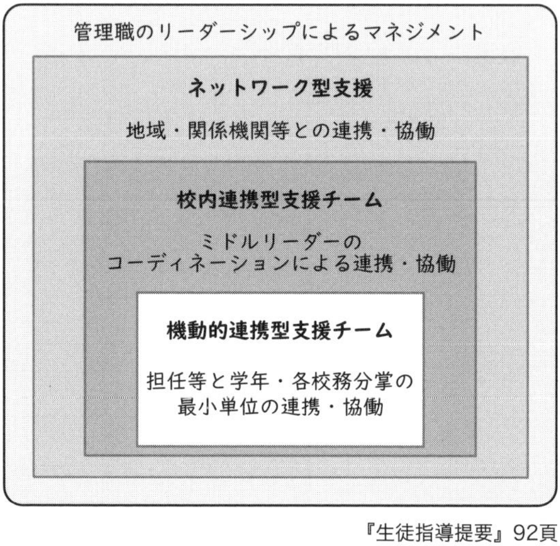

管理職のリーダーシップによるマネジメント

ネットワーク型支援
地域・関係機関等との連携・協働

校内連携型支援チーム
ミドルリーダーの
コーディネーションによる連携・協働

機動的連携型支援チーム
担任等と学年・各校務分掌の
最小単位の連携・協働

『生徒指導提要』92頁

のチームは、「コーディネーション委員会」にあたります。

③ネットワーク型支援チーム：学校、家庭、教育委員会、地域の関係機関等がそれぞれの役割や専門性を活かして連携・協働して困難課題対応的生徒指導を行います。特に学校や地域に重大な混乱を招く危険性のある事態が発生した場合には、緊急支援チームとして危機対応に当たります。

3．生徒指導におけるコーディネーターの役割

　生徒指導における支援チームによる会議は、コーディネーターが中心となって、事例を検討しながら定期的に進められます。この会議では、情報の共有と支援目的と支援方法の確認、メンバーが実行した支援確認、子どもや保護者の状況や変化について検討します。特に、効果的な支援は継続して行い、そうでない支援については中止や改善の判断をしながら進めます。

　コーディネーターは、ファシリテーションにおけるファシリテーターであるといえます。ファシリテーションとは、集団によって問題を解決することやアイディアの創造などの知的創造活動を意味します（堀、2018）。そしてそれを行う人がファシリテーターであり、支援チームにおけるコーディネーターであるといえます。

⑴　進行役としての役割

　コーディネーターには、チームの目的に従ってよりよい支援ができるように話し合いを進める役割があります。そのためには、支援を必要とする子どもや保護者に関する情報を前もって準備することや、会議の記録や資料を準備することなどが必要になります。

　また、支援チームの会議は、限られた時間内で行われます。その

ためコーディネーターには、時間を管理する役割もあります。

(2) 話し合いの場をつくる役割

　一方で、参加者が自分の観察や子どもとのかかわりから得た情報を自由に出せる雰囲気や、互いを認め合えるような穏やかな雰囲気づくりに配慮することが必要です。

　チーム支援では、誰か 1 人の責任にしたり、失敗を責めたりするのではなく、チーム全員が責任をとるという姿勢が重要であることから、コーディネーターは会議の進行中は常にこの点を意識します。そして、参加者からの発言やアイディアを整理し、要約したものを確認しながら進めます。

　このような会議の場へのコーディネーターのかかわり方が、支援チームへの参加者の意欲や態度に影響を与えます。特に担任教師は非難の対象となりやすいため、十分に注意することがコーディネーターには求められます。

　またコーディネーターは、これらの支援チームの方針や支援活動については、管理職に報告や連絡、相談をし、管理職の意見や指示と支援チームの活動を適切に調整する役割ももっています。

【学校心理学の視点からの提案】

　『生徒指導提要』では、チーム学校、生徒指導と教育相談が一体となったチーム支援が強調され、連携や協働による生徒指導を行うことが指摘されています。

　学校心理学の考え方は、児童生徒一人一人の個性の発見と良さや可能性の伸長と社会的資質・能力の発達を支える生徒指導の目的と非常に近いものになっています。これまでに学校心理

学では、学校組織で取り組むチーム援助の実践と知見を蓄積しています。その1つが学校システムとしてのコーディネーションであり、生徒指導の体制づくりに役立つものであると考えられます。本章で述べたように、学校や地域には児童生徒のための援助資源がたくさんあります。その援助資源を見つけ、その資源の良さを活かしながら、効果的に組み合わせて支援を続けるコーディネーションは、教師と保護者、専門家、学校外の機関などとの連携や協働を強めることにつながります。

　"これからの生徒指導"では、生徒指導の実践に学校心理学の考え方や知見であるコーディネーションの考え方を取り入れ、学校全体、地域全体で児童生徒へのよりよい支援ができるようにしていきたいものです。

〈参考・引用文献〉
堀公俊（2018）『ファシリテーション入門〈第2版〉』日本経済新聞出版
家近早苗（2018）「教師が変わるコーディネーション委員会」水野治久・家近早苗・石隈利紀編『チーム学校での効果的な援助―学校心理学の最前線』ナカニシヤ出版
家近早苗・石隈利紀（2003）「中学校における援助サービスのコーディネーション委員会に関する研究」『教育心理学研究』51(2)、230-238頁
家近早苗・石隈利紀（2007）「中学校のコーディネーション委員会のコンサルテーションおよび相互コンサルテーション機能の研究―参加教師の体験から」『教育心理学研究』55(1)、82-92頁
IECHIKA, S. & ISHIKUMA, T. (2021) Influence of Functions of a Coordination Committee on Teachers' Psycho-educational Support in Japan『学校心理学研究』20(2)、139-157頁
石隈利紀・家近早苗（2021）『スクールカウンセリングのこれから』創元社
田村節子（2003）「スクールカウンセラーによるコア援助チームの実践―学校心理学の枠組みから（教育心理学と実践活動）」『教育心理学年報』42、168-181頁
田村節子・石隈利紀（2003）「教師・保護者・スクールカウンセラーによるコア援助チームの形成と展開―援助者としての保護者に焦点をあてて」『教育心理学研究』51(3)、328-338頁
山口豊一・石隈利紀（2009）「中学校におけるマネジメント委員会の意思決定プロセスと機能に関する研究」『日本学校心理士会年報』1、69-78頁

"これからの生徒指導"を求めて

八並光俊

1．学校心理学から見た生徒指導の整理

　最終章では、前章までの学校心理学の見地からの生徒指導の読み解きに基づいて、"これからの生徒指導"で何が求められるか指摘したいと思います。

⑴　総合的な個別発達支援としての生徒指導

　基本的なことですが、再度、「生徒指導とは何か」という点を確認しておきましょう（八並、2023a・2023b；八並・石隈、2023；八並・石隈・田村・家近編、2023を参照）。

　『生徒指導提要』では、「生徒指導は、児童生徒が自身を個性的存在として認め、自己に内在しているよさや可能性に自ら気付き、引き出し、伸ばすと同時に、社会生活で必要となる社会的資質・能力を身に付けることを支える働き（機能）」（『提要』12頁）であり、「自己の幸福と社会の発展を児童生徒自らが追求することを支える」（13頁）教育活動としています。そのため、生徒指導は、特別支援教育やキャリア教育との重なりも大きく、お互いに大きな影響を与え合うことになります。

　言い方を変えると、生徒指導は、子ども一人一人のよさや違いを大切にしながら、子どもたちの希望や夢の実現を支える重要な教育活動だといえます。また、子どもたちの学校から社会へのスムーズな移行（School to Career）、すなわち、キャリア実現を支援します。

　他方、学校心理学においては、「学校教育は子どもの成長を支援するヒューマンサービス」（石隈、1999、10頁）としてとらえ、「一人ひとりの子どもの教育ニーズに応じて子どもの幸福に貢献すること」（石隈、1999、13頁）としています。その意味では、生徒指導も、学校

心理学も、目指す方向や性質は同様です。端的に表現すると、生徒
指導も学校心理学も、総合的な個別発達支援だという点では共通し
ています（八並、2008a、16頁）。

⑵　生徒指導の学校心理学的な俯瞰

　前章までで説明されてきたように、生徒指導と学校心理学は、援
助目標、援助サービス体系、援助方法などの点で、高い相似性をも
っています。その相似性を俯瞰、つまり大局的に見たものが、図終
－1です。以下、図終－1の簡単な説明をします。

1)　階層的でバランスのとれたアプローチ

　学校心理学は、子どもの援助ニーズ（援助）・対象範囲（対象）か
ら3層構造をもっています。生徒指導では、『生徒指導提要』で示さ
れた2軸3類4層からなる重層的支援構造があります（図終－1の「類
型階層」）。図からもわかるように、3層構造と重層的支援構造は、相
似関係をもっています。

　注意点としては、『生徒指導提要』による時間軸での分類、すなわ

図終–1　学校心理学の3層構造と生徒指導の重層的支援構造

階層的・バランスのとれたアプローチ　Tiered and Balanced Approach		
援助	1次的援助サービス	2次的援助サービス	3次的援助サービス
対象	すべての子ども	苦戦している一部の子ども	特別なニーズをもつ特定の子ども
時間	プロアクティブ	リアクティブ	
類型階層	発達支持的生徒指導	課題予防的生徒指導〔課題早期発見対応〕	困難課題対応的生徒指導
	課題予防的生徒指導〔課題未然防止教育〕		

総合的・発達的アプローチ　Comprehensive and Developmental Approach		
領域	学習面	心理・社会面	進路・キャリア面	健康面

データ駆動型・計画的アプローチ　Data Driven and Planned Approach			
方法	アセスメント	カウンセリング	ガイダンス・プログラム	コンサルテーション	コーディネーション

基礎的・汎用的アプローチ　Basic and Versatile Approach	
基盤	児童生徒理解／学級・ホームルーム経営

ち、プロアクティブ（常態的・先行的）生徒指導とリアクティブ（即応的・継続的）生徒指導の２軸の分類は、『生徒指導提要』で示された独自のものです。

2）　総合的で発達的なアプローチ

　学校心理学では、子どもに対する援助サービスを、学習面、心理・社会面、進路・キャリア面、健康面からトータルにとらえています。同様に、生徒指導における「発達を支える」といった場合の発達は、子どもの「心理面（自信・自己肯定感等）の発達のみならず、学習面（興味・関心・学習意欲等）、社会面（人間関係・集団適応等）、進路面（進路意識・将来展望等）、健康面（生活習慣・メンタルヘルス等）の発達を含む包括的なもの」（『提要』13頁）です。

3）　データ駆動型で計画的なアプローチ

　学校心理学のチーム援助は、「心理教育的アセスメントの実施」→「チーム援助計画の作成」→「チーム援助の実践」→「チーム援助の評価」というシステマティックな援助サイクルをもっているのが特徴です。また、各種の調査や検査データに基づいて展開されています。生徒指導においても、同様です。

　さらに、現代の生徒指導では、「教育相談」も含めて「アセスメント」「カウンセリング」「コンサルテーション」「コーディネーション」などの用語は、学校現場で定着しています。

　ただし、図９-１の中の「ガイダンス・プログラム」に関しては、学校心理学と生徒指導の双方において、用語としての定着はしていません。生徒指導の実態としては、すでに一部地域で実践されてきていますが、一般的な用語として定着していません。ガイダンス・プログラムは、アメリカのスクールカウンセリングでは、スクールカウンセラー（ＳＣ）の提供サービス（Delivery System）の中に「学校ガイダンス・カリキュラム」（School Guidance Curriculum）として位

置づけられています（米国スクール・カウンセラー協会、2004）。日本では、ガイダンス・カリキュラムという用語が定着していないので、本稿ではガイダンス・プログラムと呼称しておきます（八並、2008b；『提要』26-27頁）。ガイダンス・プログラムは、平易に表現すると、授業型の生徒指導だといえます。日本における先駆的かつ地域レベルの実践として、横浜市教育委員会（2010、2012）の「子どもの社会的スキル横浜プログラム」があります。

4) 基礎的で汎用的なアプローチ

学校心理学では明示されていませんが、生徒指導実践の基盤として、児童生徒理解と学級・ホームルーム経営があります。前者は、「生徒指導の基本と言えるのは、教職員の児童生徒理解です」（『提要』23頁）とされ、後者は、「あらゆる場面において、児童生徒が人として平等な立場で互いに理解し信頼した上で、集団の目標に向かって励まし合いながら成長できる集団をつくることが大切です」（『提要』25頁）とされています。

2．危機に立つ生徒指導と発達支持的生徒指導の推進

(1) 生徒指導における国家的危機状況

"これからの生徒指導"を考える上では、生徒指導の現状を理解しておく必要があります。文部科学省は、毎年度、全国の学校を対象とした「児童生徒の問題行動・不登校等生徒指導上の諸課題に関する調査」を実施して、前年度の結果をホームページで公開しています。生徒指導の実態把握に関して、学校教育関係者の必読資料です。

令和4年度の調査（文部科学省、2023a）では、「いじめの認知件数」「小・中学校の不登校児童生徒数」「小学校の暴力行為の発生件数」は、過去最多であり、自死も非常に多いという憂慮すべき状況でし

た。また、自死では、令和4年度調査より、「自殺した児童生徒が置かれていた状況」について、新たに「教職員による体罰、不適切指導」の項目が追加され、2人が計上されています。子どもだけではなく、教職員の服務の遵守や適切な指導のあり方も、生徒指導の課題として社会的にクローズアップされています。

文部科学省は、同調査結果に強い危機感を抱き、安心して学ぶことができる、「誰一人取り残されない学びの保障」に向けた取組の緊急強化が必要として、「不登校・いじめ緊急対策パッケージ」（文部科学省、2023b）を公表しました。そこでは、不登校・いじめに共通する早期発見のための対策として、以下が明記されています。

> 心の小さなＳＯＳの早期発見／いじめの早期発見の強化
> ○アプリ等による「心の健康観察」の推進（困難を抱える子供の支援に向けたアプリ等や専門家の支援を活用した心や体調の変化の早期発見・早期支援）
> ○子供のSOS相談窓口を集約して周知（１人１台端末を活用）
> ○より課題を抱える重点配置校へのスクールカウンセラー・スクールソーシャルワーカーの配置充実

文部科学省の「緊急対策パッケージ」が示唆する点として、以下が考えられます。

第1に、子どもの心理面や健康面での小さな変化を、専門家も交えながら日頃から観察、把握する必要性があるということです。平素の子どもの心理面や健康面を含む、多面的な児童生徒理解の重要性が指摘されています。同時に、児童生徒理解に関しては、心理や福祉の専門家の協力が大切となります。

第2に、子どもの援助希求行動の受け入れ体制の整備です。これ

は、相談窓口を設置すればいいということではなく、前提として、子どもが困ったときに、教師やＳＣに「助けて」とすぐに言えるか、相談できるかにかかっています。したがって、ＳＯＳの出し方教育の実施やコミュニケーション能力などの社会的スキルの獲得が求められます。

　第3に、いじめの認知件数や重大事態が生じている学校、不登校の子どもが多い学校など、教育困難校へのＳＣやスクールソーシャルワーカー（ＳＳＷ）の加配が挙げられています。とりわけ、ＳＣとＳＳＷは、学校教育法施行規則（第65条の3および第65条の4）によって、学校の職員として位置づけられているので、生徒指導に精通しておく必要があります。

⑵　発達支持的生徒指導の推進

　文部科学省の生徒指導施策に関して、2023年6月16日に教育振興基本計画が閣議決定されました。教育振興基本計画は、教育基本法で規定されています。同法第17条では、政府は、教育の振興に関する施策についての基本的な方針および講ずべき施策などの基本的な計画を公表することになっています。第4期の教育振興基本計画は、2023年度から2027年度までの5年間の教育のあり方を示しています。

　この教育振興基本計画では、教育施策についての5つの基本的な方針が明記されています。生徒指導に関しては、「②誰一人取り残されず、全ての人の可能性を引き出す共生社会の実現に向けた教育の推進」の「共生社会の実現に向けた教育の考え方」において、「近年、いじめの重大事態の発生件数や児童生徒の自殺者数は増加傾向であり、憂慮すべき状況である。また、不登校児童生徒数が増加しており、個々の状況に応じた適切な支援が求められている」（教育振興基本計画、16頁）とし、一人一人の子どもの実態に応じた支援の重

要性が強調されています。

　また、同じく「共生社会の実現に向けた教育の方向性」では、以下のように発達支持的生徒指導の重視が求められています（同、18頁）。

> ○児童生徒に対する生徒指導は、学習指導と並んで、共生社会実現に向けた資質・能力の育成に重要な意義を有するものである。児童生徒が自発的・主体的に自らを発達させていくことが尊重され、その過程を学校や教職員が支えていくという発達支持的生徒指導を重視していくことが求められる。

　さらに、今後5年間の教育政策の「目標2　豊かな心の育成」の基本施策の1つに「発達支持的生徒指導の推進」が、以下のように明記されています（同、41頁）。

> ○発達支持的生徒指導の推進
> ・新たに改訂した生徒指導提要を踏まえ、生徒指導の実践に当たっては、課題予防、早期対応といった課題対応の側面のみならず、全ての児童生徒を対象に児童生徒が自発的・自主的に自らを発達させていくことを尊重し、学校・教職員がいかにそれを支えるかという発達支持的生徒指導の側面に重点を置いた働きかけを進める。

3.“これからの生徒指導”と学校心理学の課題

　“これからの生徒指導”では、何が求められるでしょうか。図終-2は、求められる生徒指導を取り巻く状況を示しています。

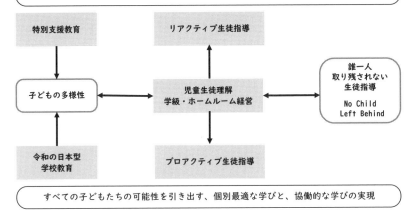

図終-2　求められる生徒指導

学習面または行動面で著しい困難を示すとされた児童生徒：小中学校8.8%、高等学校2.2%

特別支援教育

リアクティブ生徒指導

子どもの多様性

児童生徒理解
学級・ホームルーム経営

誰一人
取り残されない
生徒指導
No Child
Left Behind

令和の日本型
学校教育

プロアクティブ生徒指導

すべての子どもたちの可能性を引き出す、個別最適な学びと、協働的な学びの実現

　子どもは、学力、心身の発達、健康、性の意識、家庭環境などの点で、非常に多様化しています。通常の学級に在籍する特別な教育的支援を必要とする子どもの割合も高まり、生徒指導と特別支援教育の一体化（文部科学省、2022）が必要です。他方、「令和の日本型学校教育」（中央教育審議会、2021）からは、個別最適な学びと協働的学びの実現が、希求されています。

　この両者を考慮しつつ、「誰一人取り残されない」生徒指導を達成するには、第1に、児童生徒理解と学級・ホームルーム経営を基盤としたリアクティブ生徒指導とプロアクティブ生徒指導の円環的な実践が必要であると思います。第2に、プロアクティブ生徒指導へのシフトチェンジではないでしょうか。生徒指導の諸課題の子どもや教職員にもたらす負の影響は、子どもや教職員の自死や、教職員の働き方改革を破綻に導くほど深刻です。

＊

　学校心理学は、リアクティブ生徒指導の主にチーム支援の基礎理論として応用されてきました（八並、2006）。しかし、今後は、プロ

アクティブ生徒指導に貢献できるように、１次的援助サービスに関する実践や研究の開発、蓄積が求められると思います。今後も、学校心理学が、生徒指導の基礎学問であることは不易だと思います。

〈参考・引用文献〉
中央教育審議会（2021）「『令和の日本型学校教育』の構築を目指して〜全ての子供たちの可能性を引き出す、個別最適な学びと、協働的な学びの実現〜（答申）」
米国スクール・カウンセラー協会（2004）『スクール・カウンセリングの国家モデル―米国の能力開発型プログラムの枠組み』中野良顯訳、学文社
石隈利紀（1999）『学校心理学―教師・スクールカウンセラー・保護者のチームによる心理教育的援助サービス』誠信書房
閣議決定（2023）「教育振興基本計画」
文部科学省（2022）「通常の学級に在籍する特別な教育的支援を必要とする児童生徒に関する調査結果について」
文部科学省（2023a）「令和４年度 児童生徒の問題行動・不登校等生徒指導上の諸課題に関する調査結果について」
文部科学省（2023b）「令和４年度 児童生徒の問題行動・不登校等生徒指導上の諸課題に関する調査結果及びこれを踏まえた緊急対策等について（通知）」「不登校・いじめ緊急対策パッケージ」https://www.mext.go.jp/a_menu/shotou/seitoshidou/1397802_00006.htm（2023年12月25日確認）
八並光俊（2006）「応用実践期におけるチーム援助研究の動向と課題―チーム援助の社会的ニーズと生徒指導との関連から」『教育心理学年報』45、125-133頁
八並光俊（2008a）「生徒指導のねらい『個別の発達援助』」八並光俊・國分康孝編『新生徒指導ガイド―開発・予防・解決的な教育モデルによる発達援助』（第１章・第２節）、図書文化社
八並光俊（2008b）「ガイダンスカリキュラムとは」八並光俊・國分康孝編『新生徒指導ガイド―開発・予防・解決的な教育モデルによる発達援助』（第４章・第１節）、図書文化社
八並光俊（2023a）「『令和』時代の新しい生徒指導(1) 新しい生徒指導要領―『直す生徒指導』 から『育てる生徒指導』 へ」『教育新聞』https://www.kyobun.co.jp/article/p20230122-2（2023年12月25日確認）
八並光俊（2023b）「リーガル・ナレッジに基づく発達支持的生徒指導の充実を」『月刊学校教育相談』37(1)、10-13頁
八並光俊・石隈利紀編著（2023）『Q＆A 新生徒指導提要で読み解く これからの児童生徒の発達支持』ぎょうせい
八並光俊・石隈利紀・田村節子・家近早苗編著（2023）『やさしくわかる 生徒指導提要ガイドブック』明治図書出版
横浜市教育委員会（2010）『個から育てる集団づくり51―子どもの社会的スキル横浜プログラム』学研教育みらい
横浜市教育委員会（2012）「子どもの社会的スキル横浜プログラム（三訂版）」https://www.city.yokohama.lg.jp/kurashi/kosodate-kyoiku/kyoiku/plankoho/yokohama-program.html（2023年12月25日確認）

執筆者一覧（執筆順）

山口 豊一（やまぐち とよかず） 聖徳大学心理・福祉学部心理学科教授
　編著者　はじめに　第1章1〜5　第2章　第5章1・2

石隈 利紀（いしくま としのり） 東京成徳大学臨床心理学科特任教授　筑波大学名誉教授
　監修者　序章

中井 大介（なかい だいすけ） 埼玉大学教育学部准教授
　編著者　第1章6(1)(2)　第3章1(1)〜(3)　第6章1〜5

相樂 直子（さがら なおこ） 創価大学教育学部教育学科教授
　第1章6(3)　第3章1(4)

飯田 順子（いいだ じゅんこ） 筑波大学人間系教授
　第3章2

石津 憲一郎（いしづ けんいちろう） 富山大学大学院教職実践開発研究科教授
　第3章3

石川 満佐育（いしかわ まさやす） 鎌倉女子大学児童学部子ども心理学科准教授
　第4章1・2

水野 治久（みずの はるひさ） 大阪教育大学副学長・総合教育系教授
　編著者　第4章3

小野瀬 雅人（おのせ まさと） 聖徳大学教育学部教育学科教授
　第5章3

西山 久子（にしやま ひさこ） 福岡教育大学大学院教育学研究科教授
　第5章4〜6

小泉 令三（こいずみ れいぞう） 福岡教育大学名誉教授
　第5章7

瀧野 揚三（たきの ようぞう） 大阪教育大学総合教育系教授
　第6章6

田村 節子（たむら せつこ） 元東京成徳大学臨床心理学科・心理学研究科教授
　編著者　第7章

家近 早苗（いえちか さなえ） 東京福祉大学心理学部教授
　編著者　第8章

八並 光俊（やつなみ みつとし） 東京理科大学教育支援機構教職教育センター教授
　監修者　最終章

〈編著者紹介〉

山口 豊一（やまぐち とよかず）

聖徳大学心理・福祉学部心理学科教授　同大学院臨床心理学研究科教授
聖徳大学心理教育相談所長

筑波大学人間総合科学研究科博士課程修了。博士（カウンセリング科学）。学校心理士ＳＶ、臨床心理士、公認心理師、特別支援教育士ＳＶ。日本学校心理学会副理事長、日本学校心理士認定機構理事（事務局長）。

主な著書に『チーム援助で子どもとのかかわりが変わる』ほんの森出版（共編著、2005年）、『新版 学校心理学が変える新しい生徒指導』学事出版（共編著、2020年）などがある。

家近 早苗（いえちか さなえ）

東京福祉大学心理学部教授

筑波大学人間総合科学研究科博士課程修了。博士（カウンセリング科学）。公立小学校教諭、国立武蔵野学院厚生教官、埼玉県教育局スクールカウンセラー、聖徳大学准教授、大阪教育大学教授を経て現職。日本学校心理学会副理事長、学校心理士認定運営機構理事。

主な著書に『スクールカウンセリングのこれから』創元社（共著、2021年）などがある。

田村 節子（たむら せつこ）

元東京成徳大学臨床心理学科・心理学研究科教授

博士（心理学）。公認心理師、学校心理士ＳＶ、臨床心理士。専門は学校心理学、学校臨床。日本学校心理学会副理事長、日本学校心理士会副会長、日本公認心理師協会教育分野委員。日本教育心理学会優秀論文賞受賞（2003年）。

主な著書に『保護者をパートナーとする援助チームの質的分析』風間書房（単著、2009年）、『石隈・田村式援助シートによる 子ども参加型チーム援助』図書文化社（共著、2017年）などがある。

中井 大介（なかい だいすけ）

埼玉大学教育学部准教授

筑波大学人間総合科学研究科博士課程修了。博士（教育学）。専門は学校心理学、発達心理学、パーソナリティ心理学。学校心理士、公認心理師。日本学校心理学会理事。

主な著書に『生徒の教師に対する信頼感に関する研究』風間書房（単著、2012年）、『チーム学校での効果的な援助』ナカニシヤ出版（分担執筆、2018年）などがある。

水野 治久（みずの はるひさ）

大阪教育大学副学長・総合教育系教授

筑波大学教育研究科修士課程修了。博士（心理学）。専門は学校心理学、カウンセリング心理学。公認心理師、学校心理士ＳＶ、臨床心理士。日本学校心理学会副理事長。

主な著書に『子どもを支える「チーム学校」ケースブック』金子書房（単著、2022年）、『援助要請と被援助志向性の心理学』金子書房（監修、2017年）などがある。

〈監修者紹介〉

石隈 利紀（いしくま としのり）
東京成徳大学応用心理学部臨床心理学科特任教授　筑波大学名誉教授
アラバマ大学大学院博士課程スクールサイコロジスト養成コース修了、Ph.D.（学校心理学）。日本学校心理学会理事長、学校心理士認定運営機構理事長、日本公認心理師協会副会長。「生徒指導提要の改訂に関する協力者会議」委員、「公認心理師カリキュラム等検討会」委員。
主な著書に『学校心理学―教師・スクールカウンセラー・保護者のチームによる心理教育的援助サービス』誠信書房（単著、1999年）、『スクールカウンセリングのこれから』創元社（共著、2021年）などがある。

八並 光俊（やつなみ みつとし）
東京理科大学教育支援機構教職教育センター教授
専門は、生徒指導。日本生徒指導学会会長、文部科学省中央審議会および同省いじめ防止対策協議会委員、子ども家庭庁いじめ調査アドバイザー、国立教育政策研究所生徒指導・進路指導研究センター客員研究員。「生徒指導提要の改訂に関する協力者会議」委員（座長）。2009年度アメリカ国務省より次世代の日本のリーダーに選出。
主な著書に『新生徒指導ガイド―開発・予防・解決的な教育モデルによる発達援助』図書文化社（共編著、2008年）などがある。

学校心理学が提案！ これからの生徒指導
『生徒指導提要』を学校心理学の視点から読み解く

2024年7月10日　初 版　発行

監修者	石隈利紀	八並光俊
編著者	山口豊一	家近早苗
	田村節子	中井大介
	水野治久	
発行人	小林敏史	
発行所	ほんの森出版株式会社	

〒145-0062　東京都大田区北千束3-16-11
TEL 03-5754-3346　FAX 03-5918-8146
https://www.honnomori.co.jp

印刷・製本所　研友社印刷株式会社

ⓒ ISHIKUMA, YATSUNAMI, et al.　2024　Printed in Japan　ISBN978-4-86614-136-7　C3037
落丁・乱丁はお取り替えします。